Wilhelm Emil Angerstein

Österreich's parlamentarische Größen

Ein Beitrag zur neuesten oesterreichischen Geschichte

Wilhelm Emil Angerstein

Österreich's parlamertarische Größen
Ein Beitrag zur neuesten öesterreichischen Geschichte

ISBN/EAN: 9783743446168

Hergestellt in Europa, USA, Kanada, Australien, Japan

Cover: Foto ©ninafisch / pixelio.de

Manufactured and distributed by brebook publishing software (www.brebook.com)

Wilhelm Emil Angerstein

Österreich's parlamentarische Größen

Oesterreich's

parlamentarische Größen.

Ein Beitrag

zur neuesten österreichischen Geschichte.

Leipzig, 1872.
Luckhardt'sche Verlagsbuchhandlung
(Fr. Luckhardt).

Zur Lage Oesterreichs.

Die österreichisch-ungarische Monarchie hat in Folge ihrer geographischen Lage, wie durch die große Verschiedenheit ihrer Bevölkerung eine ganz eigenthümliche Stellung im europäischen Staatensystem. In der Mitte zwischen dem kolossalen Slavenreiche des Ostens einerseits, dem neu geeinigten Deutschland andrerseits und angrenzend an Italien befinden sich unter ihrer Herrschaft Deutsche, Slaven und Romanen. Alle diese könnten friedlich neben und mit einander leben, wenn sie daran nicht zum Theil durch nationale Eifersucht, zum Theil durch die Nachwirkungen einer kaum glaublichen Mißregierung verhindert würden. Statt des guten Einvernehmens zwischen den einzelnen Völkern, welche der Gesammtmonarchie angehören, hat sich im Laufe der Zeit ein Zustand entwickelt, der nach der Meinung Vieler den Zerfall Oesterreichs zur unabwendbaren Folge haben wird.

Der Zerfall Oesterreichs — das Wort wird häufig so leicht ausgesprochen, es wird dabei selten bedacht, ein wie großes Unglück für ganz Europa es wäre, wenn aus dem Worte die That würde. Oesterreich-Ungarn muß für die Zukunft die Aufgabe übernehmen, gewissermaßen einen Schutzwall für die abendländische Cultur nach Osten hin zu bilden. Das große asiatische Slavenreich Rußland hat sich im Laufe der Zeit allmälig immer weiter nach Westen ausgedehnt, es hat die deutschen Ostseeprovinzen bereits verschlungen, es arbeitet mit aller Macht daran, das ihm [gehörige Polen zu russifiziren, es sucht seinen Einfluß am schwarzen Meere von Tag zu Tage zu verstärken, es strebt mit einem Worte nach der Weltherrschaft, und je mehr es sich in seinem Innern entwickelt und kräftigt, desto näher rückt der Moment, in welchem es den Kampf um die Obergewalt über Europa zunächst mit der germanischen Race beginnen wird. Wäre nun Oesterreich eine Staatengemeinschaft, worin die einzelnen, ihr angehörigen Völker neben einander eine friedliche und glückliche Existenz hätten, so würde allein schon das Vorhandensein dieses Reiches dem Vordringen der Moskowiter in hohem Grade hinderlich sein. Ein durch die Einmüthigkeit seiner Völker starkes Oesterreich könnte aber auch in Folge seiner geographischen Lage besser als irgend ein anderer Staat mit Waffengewalt dem Fortschreiten der Russen Halt gebieten. Wenn dieses selbe Oesterreich dagegen zersplittert, in kleine Staaten zerfallen ist, so wird ein Theil der Letzteren sofort in direkte oder indirekte Abhängigkeit von Rußland kommen, wie dies mit den Donaufürstenthümern heute bereits der Fall ist und die germanischen Völker Mitteleuropa's werden dann dem unmittelbaren Angriffe der asiatischen Großmacht ausgesetzt sein.

Diese Andeutungen zeigen wohl zur Genüge, wie wichtig es für das gesammte Abendland ist, daß der Bestand Oesterreichs gesichert werde. Es scheint jedoch bei den vielfachen Wirren, durch welche dieses Reich seit lange zerrüttet wird, als ob sich der Weg dazu ungemein schwierig oder gar nicht finden lassen sollte, und namentlich im gegenwärtigen Augenblicke haben die österreichischen Verhältnisse eine Gestalt angenommen, welche die höchsten Besorgnisse erwecken muß. Es stehen sich jetzt die verschiedenen Nationalitäten so schroff gegenüber, daß ein Ausgleich zwischen ihnen sehr erschwert ist. Die Schroffheit aber wird durch das leider nicht ganz ungerechtfertigte Mißtrauen, die eine Nationalität wolle die andere beherrschen, erzeugt und fortwährend noch verschärft.

Es ist in dem Vorhergehenden schon einmal darauf hingewiesen, daß die gegenwärtigen Zustände zum guten Theil eine Folge der vergangenen Mißregierung sind. Der Centralismus, der von Wien aus lange Zeit aufrecht erhalten wurde, trägt jetzt seine bösen Früchte.

Oesterreich ist — mit Ausnahme der kurzen Revolutionsperiode vom Jahre 1848 — thatsächlich ein halbes Jahrhundert lang stets nur durch einige Adelsgeschlechter und durch die Pfaffen beherrscht gewesen. Nach der eben genannten Revolutionszeit wurde der Druck dieser Herrschaft um so stärker, je schwieriger es war, die einmal zum Selbstbewußtsein gekommenen Völker niederzuhalten. Die kleine regierende Partei gab in allen staatlichen Verhältnissen scheinbar den Deutschen das Uebergewicht, im Grunde genommen knebelte sie dieselben jedoch ebenso sehr, wie alle übrigen Nationalitäten. Die Völker wurden dazu gebraucht oder mißbraucht, sich gegenseitig zu bewachen, der Italiener mußte den Ungarn, der Ungar den Böhmen, der Böhme den Deutschen in Schach halten. Das gegenseitige Mißtrauen, das scheußlichste Polizei= und Spionir= system wurde groß gezogen und die Folge war — Unzuverlässigkeit Aller, allgemeine Corruption. Das ganze System erhielt 1859 einen nicht mehr heilbaren Riß, es brach vollständig endlich zu= sammen 1866.

Mit dem Eintreten liberaler Neuerungen, mußten natürlich auch die Nationalitäten, die vorher fast vernichtet geschienen hatten, aus dem Scheintode erwachen. Namentlich war dies bei den Czechen der Fall. Die Czechen begannen sich plötzlich mächtig zu regen, und wenn auch nicht mit dem gleichen Ungestüm, wie diese, so doch immer mit entschiedenem Nachdrucke, forderten auch die Polen ge= wisse nationale Rechte, nachdem die Ungarn durch die Einführung der dualistischen Staatsform zur Selbstständigkeit gelangt waren.

Nach der dualistischen Staatsverfassung zerfällt Oesterreich= Ungarn in folgende Länder:

A. Cisleithanien.

Erzherzogthum Oesterreich unter der Ens	306,08 ☐ Meilen,
= = ob der Ens	217,90 =
Herzogthum Salzburg	130,15 =
= Steiermark	407,84 =
= Kärnthen	188,42 =
= Krain	181,42 =
Küstenland (Markgrafschaft Istrien, Reichs= stadt Triest, gefürstete Grafschaften Görz und Gradisca)	145,10 ☐ Meilen,
Gefürstete Grafschaft Tirol mit Vorarlberg	532,68 =
Königreich Böhmen	943,70 =
Markgrafschaft Mähren	403,77 =
Herzogthum Schlesien	93,50 =
Königreich Galizien und Lodomerien mit den Herzogthümern Auschwitz und Zator und dem Großherzogthume Krakau .	1425,73 ☐ Meilen,
Herzogthum Bukowina	189,53 =
Königreich Dalmatien	232,36 =

B. Transleithanien.

Königreich Ungarn	3896,38	☐ Meilen,
= Croatien und Slavonien	350,16	9 =
Großfürstenthum Siebenbürgen	997,51	9 =
Militär-Gränze	609,38	9 =

Wer die Geschichte kennt und weiß, wie diese Länder im Laufe der Zeit unter die Herrschaft des österreichischen Kaiserhauses gekommen sind, wird auch wissen, daß die das Gesammtreich verbindende Staatsform ursprünglich eine durchaus föderalistische war. Der Föderalismus mußte sich ganz naturgemäß aus der Art der Erwerbung der einzelnen Theile entwickeln. Jahrhunderte hindurch behielten die einzelnen Länder ihre ihnen eigenthümlichen Verfassungen, unbeschadet des Zusammenhanges des Ganzen. Erst der neuesten Zeit, dem gegenwärtigen Jahrhundert war es vorbehalten, die alten Constitutionen zu vernichten und den Centralismus in Oesterreich zu schaffen. Nichts desto weniger wird heute vielfach über die centralistische Staatsform gesprochen, als ob dieselbe immer bestanden, als ob es niemals etwas Anderes gegeben hätte und als ob schon der durch den Ausgleich mit Ungarn geschaffene Dualismus ein Umsturz des Alten, des Ursprünglichen gewesen wäre.

„Die Centralisation ist in Oesterreich antihistorisch, revolutionär;" — sagt Victor Freiherr von Andrian mit Recht in seinem Werke „Centralisation und Decentralisation in Oesterreich" und er fährt fort: — „sie wird, wenn sie gelingen sollte, nicht einen österreichischen Patriotismus, wohl aber einen allgemeinen Indifferentismus erzeugen, wobei Jedes sich gewöhnen wird, den Staat als etwas Fremdes, ihm ferne Stehendes zu betrachten, im Falle ihres Mißlingens aber wird der Versuch den Staat zersprengen."

Diese Worte haben sich zum Theil schon erfüllt. Als die Adels- und Pfaffenpartei so stark war, daß sie die Völker vollkommen niederhalten, nach ihrem Gutdünken beherrschen und zu ihrem Privatvortheil ausbeuten konnte, war die Staatsidee in Oesterreich fast verloren gegangen; jede Nationalität betrachtete den Staat als „etwas Fremdes", wie sich dies während der Kriege von 1859 und 1866 in eklatantester Weise gezeigt hat. In keinem von beiden Kriegen, weder in Italien, noch in Böhmen, würden so viele unverwundete österreichische Soldaten kriegsgefangen geworden sein, wenn dieselben nicht ihre Waffen vor dem Feinde fortgeworfen hätten, nicht geradezu fahnenflüchtig geworden wären. Es ist bekannt, daß Preußen 1866 aus übergelaufenen und gefangenen österreichischen Soldaten ungarischer Nationalität eine Legion bildete, welche die Bestimmung hatte, gegen Oesterreich zu fechten. Derartige Thatsachen sind ein Beweis, daß sogar schon in der Armee der Staat als „etwas Fremdes" betrachtet wurde. Oesterreich war dadurch an den Rand des Abgrundes gebracht; der Versuch, die Centralisation durchzuführen, war mithin nahe daran, „den Staat zu zersprengen", und wenn man diesen Versuch noch einmal machen will, so ist es leicht möglich, daß der Ausspruch Andrian's vollständig in Erfüllung geht.

Gerade durch die Centralisation ist der Haß der Nationalitäten gegen einander erregt. Als nach dem 1866er Kriege unmöglich das alte Regierungssystem weiter fortgeführt werden konnte, als namentlich die Ungarn mit ihrer Forderung nach einer selbstständigen Verfassung nicht mehr abzuweisen waren, wurde der Dualismus geschaffen. Die dualistische Staatsform hat das Reich in zwei Hälften getheilt, in jeder derselben ist aber der Centralismus geblieben, und zwar in Cisleithanien zum Vortheile der Deutschen, in Transleithanien zum Vortheile der Ungarn. Nun vertheilt sich jedoch die Bevölkerung im Ganzen folgendermaßen:

Deutsche . . . . 28,60 Prozent,
Ungarn . . . . 15,40 „
Slaven (Czechen, Polen :c.) . . 45,60 „
Romanen . . . . 9,80 „
Andere . . . . 0,60 „

Aus dieser Uebersicht ergibt sich, daß die Deutschen und Ungarn keineswegs die Majorität der Gesammtbevölkerung der österreichisch-ungarischen Monarchie bilden und wenn dieselben auch unbedingt die Intelligentesten, sowie die in Bezug auf ihre materielle Lage am besten Gestellten von allen der Monarchie angehörigen Nationalitäten sind, so folgt hieraus keineswegs, daß die Uebrigen nicht ebenso berechtigt sind, wie jene, für sich ein gewisses Maß nationaler Selbstständigkeit zu verlangen. Der Föderalismus, der den Czechen, den Polen :c. gewisse nationale Rechte verleiht, welche gegenwärtig nur den Deutschen und Ungarn gewährt sind, muß bei ruhiger Ueberlegung sogar als eine logische Consequenz des Dualismus erscheinen.

„Die Nationalität ist nicht Alles im Staate, aber ohne dieselbe oder gar im Widerspruche mit derselben, ist der Staat nichts. Wenn es nun wahr ist, daß der moderne Staat sich auf die nationale Idee stützt, daß die Nationalität ein unbedingtes Recht hat, als leitende Idee des politischen Lebens sich geltend zu machen, so folgt daraus auf unwiderlegliche Weise die Nothwendigkeit der Föderativ=Verfassung für Oesterreich"*).

Der Kampf, welcher gegenwärtig auf dem Gebiete der inneren Politik in Oesterreich geführt wird, hat lediglich das Ziel, einerseits den Föderalismus zum Siege zu bringen, andrerseits den Centralismus in seiner stark erschütterten Stellung zu befestigen. Ein ähnlicher, wenn auch weniger heftiger Streit hat sich gleichzeitig in Ungarn entwickelt, was deutlich zeigt, daß die Gemüther hier wie dort von der gleichen Bewegung ergriffen sind.

In Oesterreich würden die augenblicklichen Wirren nicht einen so gefährlichen Charakter angenommen haben, wenn dabei nur politische, nicht auch materielle Interessen eine Rolle spielten. Als der Dualismus noch nicht geschaffen worden war, bis zum Jahre 1866, wurde die Gesammtmonarchie von der damals herrschenden, bereits näher bezeichneten Partei, wie schon angegeben, ausgebeutet. Nach 1866 kam dann in den cisleithanischen Ländern eine „liberale" Partei an das Staatsruder, deren Liberalismus gerade so weit ging, wie es ihr zur Selbstbereicherung nützlich schien. Dem Volke wirkliche politische Rechte, wie solche zum Beispiel selbst in Preußen seit 1848 ununterbrochen bestanden haben, zu schaffen, daran dachte niemand. Preußen besitzt für seinen Landtag seit dem oben angeführten Revolutionsjahr das allgemeine, wenn auch nicht gleiche Stimmrecht**), in Oesterreich beginnt das Wahlrecht erst mit einem gewissen Steuersatze und ein großer Theil der Steuerzahler ist von der Vertretung im Landtage und Reichsrathe bis heute gänzlich ausgeschlossen. Die österreichischen Land= und Reichstage sind gar keine Volks=, sondern nur Interessen=Vertretungen. In Folge dessen konnte sich die Majorität der Mitglieder des Reichsraths — wir sprechen hier zunächst nur vom Abgeordnetenhause — zu einer Clique gestalten, welche, mit der Börse Hand in Hand gehend, das Volk beherrschte und ausbeutete. Diese Clique sieht ein, daß es

---

*) Springer, Geschichte Oesterreichs seit dem Wiener Frieden 1809.
**) Jeder selbstständige Preuße, welcher das vierundzwanzigste Lebensjahr vollendet und nicht den Vollbesitz der bürgerlichen Rechte in Folge rechtskräftigen bürgerlichen Erkenntnisses verloren hat, ist Urwähler, sofern er nicht aus öffentlichen Mitteln Armen=Unterstützung erhält. §. 8 der Verordnung über die Wahlen der Abgeordneten zur 2. Kammer vom 30. Mai 1849.

ein für alle Male mit ihrer Macht zu Ende ist, wenn der Föderalismus zur Geltung gelangt. Darum stemmt sie sich dagegen, darum sucht sie Himmel und Erde dagegen in Bewegung zu setzen. Und sie ist in der That stark, sie verfügt über ungeheure pekuniäre Mittel; sie hat alle großen Aktien-Unternehmungen, alle großen Geldinstitute, sowie die Börse mehr oder weniger in ihrer Hand; in ihrem Solde, von ihr geleitet, arbeitet der größere Theil der deutschen Journale Oesterreichs, namentlich Wiens. Sie hat es verstanden, die Meinung zu verbreiten, als ob es sich bei dem Ausgleich mit den übrigen Nationalitäten, das heißt bei der Einführung der föderalistischen Staatsform, darum handelte, die Deutschen in Oesterreich zu unterdrücken.

Es ist nichts falscher, als dies! Der Föderalismus soll nur die Staaten, aus denen die Monarchie besteht, gleichberechtigt machen; er soll den bisher unterdrückten Nationalitäten zu ihrem guten Recht verhelfen, weiter nichts! Wird dies erreicht, dann ist die Garantie für den dauernden Bestand Oesterreichs gegeben; wird es nicht erreicht, dann dürfte das Wort Rostislaw Fadejew's wahr werden: „Oesterreich wird nicht durch fremde Waffen, sondern an einer inneren Krankheit sterben."

Ueber die wahren Verhältnisse, über die inneren Triebfedern der sogenannten „verfassungstreuen" Agitation, wie wir sie hier angedeutet haben, ist man vielfach im Unklaren sowohl im Auslande, wie auch in Oesterreich selbst. Aber man betrachte nur einmal die Personen, welche in diesem Verfassungskampfe die Wortführer des Centralismus sind, man sehe, wie sie ihre Popularität benutzt haben, um Reichthümer zu sammeln und man wird Licht erhalten über die wirkliche Lage der Dinge, über die Motive, welche den heftigen Widerstand gegen den Föderalismus erzeugen. Jeder rechtliche Politiker wird sich mit Abscheu und Ekel von den Männern abwenden müssen, deren Treiben überall wo anders unerhört wäre und die sich heuchlerisch „Volksmänner" nennen. Heute haben sie die Maske des Deutschthums vorgenommen, sie geben sich den Anschein, als ob sie das deutsche Wesen gegen die Uebermacht der Slaven vertheidigen müßten, es liegt ihnen an der deutschen Sache aber nichts, wie sie in der Zeit von 1866 bis zum Ausbruche des deutschen Krieges gegen Frankreich tausendfältig bewiesen haben. Sie sind auch nichts weniger, als Volksmänner, sie sind vielmehr die ärgsten Feinde des Volkes, denn sie haben sich auf seine Kosten bereichert und thun dies noch fortwährend. Der wahre

Volksmann wird niemals gegen eine größere Ausdehnung der Volks=
rechte in die Schranken treten, selbst wenn dadurch seine eigne Partei
momentan in ihrer Machtstellung geschädigt werden könnte. Die
österreichischen Liberalen, die „verfassungstreuen" parlamentarischen
Vorkämpfer der „Freiheit in Oesterreich" haben sich aber, wie wir
weiterhin zu zeigen Gelegenheit haben werden, mit der größten Ent=
schiedenheit gegen das allgemeine Wahlrecht erklärt, sie sind also
Gegner eines Rechtes, welches sie selbst besitzen, sobald andre eben=
falls steuerzahlende Staatsbürger dasselbe beanspruchen. Sie wollen
also das Recht nur für sich, nicht auch für Andre, nicht für das
Volk im Allgemeinen. Schon aus dem einen Faktum geht zur
Genüge hervor, daß diese Partei nichts will, als den Staat. das
Volk beherrschen. Die Liberalen haben die Feudalen aus ihrer
Machtstellung verdrängt, aber sie haben für die Gesammtheit keines=
wegs die Freiheit geschaffen, sondern nur den eignen Einfluß, die
eignen Rechte vermehrt. Die Triebfeder ihrer politischen Thätigkeit
ist mithin die Selbstsucht gewesen.

Doch wir wollen hier keine weiteren allgemeinen Vorwürfe
erheben, sondern lieber, indem wir einzelne Personen in ihrem
wahren Lichte zeigen, beweisen, daß wir in dem eben Angeführten
nicht zu viel gesagt haben.

Wien, im Dezember 1871.

Dr. Karl Giskra.

Zu den hervorragendsten Persönlichkeiten der „verfassungstreuen Partei" in Oesterreich gehört unstreitig der Ex-Bürgerminister Dr. Karl Giskra, dieser vorzügliche Redner, der seit dem Jahre 1848 bereits eine politische Rolle spielt.

Giskra ist 1822 in Mährisch-Trübau geboren, er war zur Zeit des Revolutionsjahres also sechsundzwanzig Jahre alt und trat damals, ein junger Jurist, mit dem ganzen Feuer jugendlicher Freiheitsliebe und mit einer Beredtsamkeit, durch welche er sowohl bedeutende wissenschaftliche Studien, wie unverkennbare Talente bekundete und die Massen zu begeistern verstand, in die politische Arena. Er wurde in das Frankfurter Parlament erwählt und spielte hier bald eine hervorragende Rolle unter den österreichischen Abgeordneten, obgleich er an Jahren einer der jüngsten von ihnen war. Seine in der Paulskirche gehaltenen Reden zeichneten sich nicht nur durch Frische und Eleganz aus, sondern sie waren auch von einem demokratischen Geiste durchweht, der ihn zum wirklichen Volksmanne machte. Giskra war zu jener Zeit in der That ein Kämpfer für die Freiheit und er hat damals auch bewiesen, daß er ebenso bereit war, für eine Ueberzeugung zu leiden, wie für dieselbe mit dem Worte einzutreten.

Jetzt ist Giskra neunundvierzig Jahre alt, aber man kann nicht leugnen, daß noch gegenwärtig in seiner äußeren Erscheinung, wie in seinem Wesen eine gewisse Jugendlichkeit liegt. Freilich sein Scheitel beginnt sich schon zu lichten, indessen das blonde Haar, der blonde gestutzte Vollbart und die schlanke mittelgroße Gestalt machen im ersten Momente und bei flüchtigem Blick den Eindruck, als ob er höchstens ein Mann in den Dreißigern wäre. Er ist eigentlich nicht schön, sein Gesicht imponirt nicht durch große Formen; außergewöhnliche Anlage der Stirn oder andere Sonderbarkeiten eines sogenannten Charakterkopfes fehlen ihm, aber dennoch hat es etwas Anziehendes, Interessantes; Giskra besitzt, wie man zu sagen pflegt, einen intelligenten Kopf mit zwei blauen, jedoch sehr stechenden Augen, die dem genauen Beobachter nichts weniger als Vertrauen einflößen.

Giskra ist, wie schon bemerkt, ein tüchtiger Redner, und zwar Pathetiker, Schönredner; auf sein Auditorium wirkt er oft hinreißend, namentlich auf Frauen. Seine Exposé's haben Frische und Schwungkraft, sind in der Ausführung aber in der Regel etwas zu breit und mit zu vielen Bildern, die nur den oberflächlichen Hörer bestechen, geschmückt. Das Beste von Allem, was er sagt, ist immer der Schlußsatz.

Es war gar kein Wunder, daß das Revolutionsjahr ihn eine hervorragende Rolle spielen ließ; und daß das Volk ihn, nachdem er noch mit dem Nimbus des Märtyrers umgeben war, nicht vergaß, war ebenso natürlich. Er verdiente es auch. Der Freiheitsmann Giskra war ein Mann, der sich redlich mit seiner Hände und seines Geistes Arbeit ernährte und wohl kaum im Traume sich einfallen ließ, er werde noch einmal Millionär und Excellenz werden.

In dieser Lage fand ihn noch das Jahr 1861. Wir erwähnen dies Jahr besonders, weil er damals eine Kandidatenrede für den Reichsrath hielt, in welcher folgende beachtenswerthe Worte vorkamen:

„Sie mögen es glauben, daß mich vor Niedrigkeit, vor Treulosigkeit der Stolz in meiner Brust bewahrt. . . . Nur einen Stolz gibt es, der im Staate menschenwürdig und der edel ist, das ist der Stolz des Bürgers und des Ehrenmannes, und dieser ist mein eigen und wird es bleiben, wenn auch Alles feil und niedrig würde; der soll die Brust mir schwellen, wenn auch der Geifer der Scheelsucht und Verleumdung noch ärger an mir nagen; er wird mich fest und unerschütterlich erhalten, wenn man auch mit Glanz und Ehre mich berücken wollte; er wird mir bleiben, so lang das deutsche Herz in meinem Busen schlägt, so lange bis ich das müde Haupt zur Ruhe neige."

Diese hübsch klingenden, aber doch etwas stark phrasenhaften Worte machen fast den Eindruck, als ob den Redner damals eine Ahnung von dem beschlichen hätte, was etwa sieben Jahre später geschehen sollte. Die Versucher „Glanz und Ehre" traten in der

That an Giskra heran und er fand Gelegenheit jenen „Stolz des
Bürgers und Ehrenmannes" praktisch zu zeigen. Wie er dies ge=
than, werden wir in dem Folgenden erörtern.

Da es nicht unsere Absicht ist, hier eine Biographie zu schreiben,
sondern wir nur eine Charakteristik des Mannes geben wollen, so
mag in aller Kürze erwähnt sein, daß Giskra, bevor er in das
cisleithanische Ministerium trat, Advokat und eine Zeit lang Bürger=
meister der Stadt Brünn war. Als Mitglied des Reichsraths
stand er stets bis zur Uebernahme seines Ministerportefeuilles auf
Seiten der Opposition im Abgeordnetenhause. Er war dort einer
der fleißigsten Redner, es hat keine hervorragende Debatte gegeben,
worin er nicht des Wort nahm. Besonders geschah dies bei den
Controversen mit den Czechen, in den Concordats= und Preßgesetz=
Discussionen, in den verschiedenen Adreß= und Budget=Verhandlungen.
Fast ständig war er ferner Referent über das Militär=Budget und
selbst der Gegner muß anerkennen, daß er als solcher mit einer
minutiösen Pünktlichkeit und Genauigkeit arbeitete, das riesige Zahlen=
materiale beinahe vollständig im Gedächtniß hatte und überall, wo
ihm ein Abstrich möglich erschien, denselben mit unerbittlicher Strenge
beantragte.

Aber ehe noch der Zeitpunkt kam, in welchem er in Gefahr
gerieth, durch „Glanz und Ehre" berückt zu werden, näherte sich
ihm ein andrer Versucher. In den sechziger Jahren entwickelten
sich in Oesterreich die wirthschaftlichen Zustände, welche während
der Regierung des Bürgerministeriums endlich zur Blüthe kamen
und welche ganz geeignet sind, Oesterreich überhaupt zu ruiniren*).
Die Bestechlichkeit begann ihren Einfluß auf ökonomischem Gebiete
zu üben. Wer eine Concession zum Bau einer Eisenbahn haben
wollte, konnte dieselbe nur erhalten, wenn er es verstand, sich eine
Partei in der Presse, wie im Reichsrathe zu verschaffen. Wer
ferner ein neues Geldinstitut oder irgend ein anderes Aktien=Unter=
nehmen gründen wollte, hatte ebenfalls nur Aussicht auf Erfolg,
wenn er in der Journalistik und in anderen einflußreichen Kreisen
Gönner und Agitatoren für sich erwarb. Es wurde das System
der „Betheiligungen" bei Aktien=Emissionen erfunden, dies System,
durch welches in Oesterreich so Mancher binnen wenigen Jahren
reich geworden; man bot den einflußreichen Männern Verwaltungs=

---

*) Wir verweisen hier auf die Schrift „Volkswirthschaftliche Zustände in
Oesterreich", 2. Auflage, Leipzig, Fr. Luckhardt, 1871.

rathsstellen ꝛc., und daß man bei dergleichen einen so hervorragenden Abgeordneten, einen so gefürchteten Oppositionsmann, wie den Dr. Giskra, nicht überging, war nur zu natürlich.

Viele, früher vielleicht ganz ehrenwerthe Männer, wurden in den sechziger Jahren in Oesterreich — um Giskra's oben citirtes Wort anzuwenden — „feil und niedrig". Es wurde viel Geld geopfert, um den Einfluß von Abgeordneten für Aktien=Unternehmungen aller Art zu gewinnen; nur sehr Wenige von den Mitgliedern des Abgeordnetenhauses können von sich sagen, daß sich ihre Vermögensverhältnisse in Folge dieser Zustände nicht auffallend gebessert, ihre Kapitalien nicht verdoppelt, verdreifacht, verzehnfacht hätten. Auch Giskra begann wohlhabend zu werden, auch er wurde Verwaltungsrath, zum Beispiel bei der Mährischen Eskomptebank und bei anderen Instituten. Dazu kam bei ihm jedoch noch ein Umstand, der ihm nützlich wurde. Er war Advokat, befand sich also in einer Stellung, die damals — die Advokatur war bekanntlich noch nicht freigegeben — bedeutenden pekuniären Gewinn brachte, und da er außerdem hervorragender Abgeordneter war, so hielten es namentlich viele bedeutendere Geldmänner, Börsianer ꝛc., welche seinen Einfluß für ihre Spekulationen gelegentlich gut gebrauchen konnten, für nützlich, auch seine Clienten zu werden. Das Giskra'sche Advokaten=Geschäft kam also stark in Flor, er wurde, wie gesagt, wohlhabend.

So kam das Jahr 1866 heran, die bisherigen politischen Verhältnisse waren gänzlich unhaltbar geworden, dem Volke mußten Concessionen gemacht werden. Es war ganz natürlich, daß der Blick auf die Männer der bisherigen Opposition fiel, die im Vergleiche zu den Pfaffen und den Feudalen, welche am Staatsruder gesessen oder die Regierung wenigstens stark beeinflußt hatten, allerdings den Namen von Liberalen verdienten.

Freiherr von Beust, der sächsische Minister, wurde nach Oesterreich berufen, um hier die höchste Staatsbeamtenstellung zu übernehmen. Seine Ernennung zum Reichskanzler war einestheils eine Demonstration gegen Preußen, anderntheils war sie eine Folge des persönlichen Vertrauens, welches er beim Kaiser Franz Josef gefunden, sowie der Thatsache, daß er als Nichtösterreicher zu einem Ausgleiche mit den Ungarn geeigneter erscheinen mußte, wie jeder Andere, denn er hatte nach keiner Seite hin eine Voreingenommenheit, wie solche auf beiden Seiten der Leitha allgemein war. Der Ausgleich, den Beust mit Ungarn zu Stande brachte, ist von seinen Verehrern

oder von servilen Lobrednern, die durch seinen Einfluß Vortheile zu
erlangen trachteten, als eins der größten diplomatischen Meister=
stücke gepriesen worden, welche die Welt je erlebt hat; indessen war
dieser Ausgleich eigentlich nichts Anderes, als ein Nachgeben auf
die Forderungen der Ungarn, denen man damals keinen Wider=
stand leisten konnte, selbst wenn sie noch mehr gefordert hätten*).

Auch Beust stellte sich 1866 und 1867 liberal — er hat dies
in Oesterreich stets gethan, obgleich er dadurch seinen sächsischen
Antecedentien geradezu ins Gesicht geschlagen — und er gewann
dadurch sogar eine gewisse Popularität, welche den neuen Ministern
Giskra, Herbst, Berger ꝛc. in noch viel höherem Grade zu
Theil wurde. Das Volk ist stets durch liberale Concessionen leicht
zu befriedigen, es freute sich der halben Schritte, welche die Re=
gierung auf dem reformatorischen Wege that. Und halbe Schritte
waren es wirklich nur. Das Bürgerministerium führte die Schwur=
gerichte ein, aber nicht allgemein, sondern nur für Preßvergehen; es
schuf die Civilehe, jedoch nur die Nothcivilehe für Personen ver=
schiedenen Glaubensbekenntnisses, welche nicht auf den priesterlichen
Segen rechnen konnten; es riß in das Concordat eine Lücke, in=
dessen wagte es nicht, dasselbe für null und nichtig zu erklären**).
Die Presse sollte nach dem oft wiederholten Ausspruche der Minister
frei sein, aber die Zeitungscautionen, der hohe Zeitungsstempel, die
Inseratensteuer, die Confiscationen, das objektive Verfahren (Um=
gehung der Schwurgerichte) in Preßprozessen, die Entziehung des
Postdebits ꝛc. blieben. Die Regierung sprach ferner von Steuer=
reformen, sie ließ jedoch das eben so irrationelle wie ungerechte
System der zahllosen indirekten Steuern, welche in Oesterreich be=
sonders die ärmere Bevölkerung unglaublich drücken, ruhig fortbe=
stehen. Mit einem Worte: das Bürgerministerium nahm überall
einen liberalen Anlauf, aber es blieb auf allen Gebieten mitten im
Anlaufe plötzlich stehen. Dabei vergaßen seine Mitglieder jedoch
nicht, wo sie nur immer konnten, das Ohr durch demokratische
Phrasen zu bethören, um sich wenigstens den Schein wirklicher
Freisinnigkeit zu geben.

---

*) Wir verweisen die Leser hier auf die soeben erschienene Schrift: Graf
Beust im Lichte der Wahrheit. Leipzig, bei Fr. Luckhardt.

**) Diese Erklärung folgte bekanntlich erst, nachdem die päpstliche Unfehl=
barkeit zum Dogma erhoben worden war. Giskra hatte damals sein Porte=
feuille längst nicht mehr.

Derjenige Bürgerminister, der als Phrasendrescher mehr als alle seine Collegen leistete, war Dr. Giskra. Wir erinnern beispielsweise an den deutschen Journalistentag, welcher 1869 in Wien abgehalten wurde. Bei demselben veranstaltete der Gemeinderath von Wien (am 26. Juli des genannten Jahres) ein großartiges Banket für die Journalisten, woran auch die Minister Theil nahmen. Giskra wollte die günstige Gelegenheit zu liberaler Schönrednerei nicht ungenützt vorübergehen lassen, er hielt eine „fulminante Rede", in der er unter Anderem sagte:

„Ich brauche wohl nicht Sie zu versichern, meine Herren, daß ich mich freudig angemuthet fühle in einem Kreise von Männern, von denen ich weiß, daß sie es sich zum Lebensberufe gesetzt, mitzuarbeiten auf dem Wege der Aufklärung und der geistigen Entwicklung, der Fortbildung freiheitlicher Institutionen, der Begründung und Sicherung der Wohlfahrt der Völker."

Und während Giskra dies in Wien sagte, war über Böhmen der Ausnahme-Zustand verhängt, saßen im Landesgerichte zu Prag eine größere Anzahl czechischer Journalisten, die eigentlich doch auch nur hatten „mitarbeiten wollen auf dem Wege der Aufklärung und geistigen Entwicklung, der Fortbildung freiheitlicher Institutionen". Freilich diese czechischen Journalisten hatten für ihr Volk geschrieben, sie wollten für Böhmen freiheitliche Institutionen, sie wollten die „Begründung und Sicherung der Wohlfahrt" des böhmischen Volkes, das doch auch der cisleithanischen Reichshälfte der Monarchie angehörte, dessen Minister also Dr. Giskra ebenfalls war. Er sprach von freiheitlichen Institutionen im Allgemeinen, aber freiheitliche Institutionen für die Böhmen im Besondern waren ihm zuwider. Darum wurden diejenigen, die im Interesse der Letzteren geschrieben hatten, zu langjähriger Kerkerhaft verurtheilt.

Im weiteren Verlaufe seiner Journalistentags-Rede bedauerte er sodann, daß er nicht berufsmäßiger Kamerad der Journalisten sei, „aber dessen kann ich Sie versichern" — fuhr er fort — „daß ich von dem Augenblicke, als ich mündig geworden bin, mich in geistiger Genossenschaft mit jeder freien Regung auf dem Gebiete der Presse gefühlt habe." Mit einer freien Regung der böhmischen Presse — fügen wir hinzu — gewiß nicht, sonst hätten während seiner Ministerthätigkeit die ungeheuerlichen Verfolgungen der czechischen Journalisten nicht vorkommen können.

Und dann sagte Giskra: „Die parlamentarische Regierung muß sich hüten, sich der Presse zu verschließen, sie muß sie beobachten, ihr aufmerksam lauschen, sie zu erforschen, zu ergründen suchen, und sie muß ihren Impulsen Rechnung tragen."

Im Munde Giskra's war dies nichts, als eine schönrednerische Phrase. Der Presse zum Beispiel, welche im Interesse der nichtdeutschen Nationalitäten Oesterreichs ihm Opposition machte, ebenso den wahrhaft demokratischen Aeußerungen der Wiener Journalistik, die ihn oftmals zu größerer Energie, zu consequenterer Verfolgung der liberalen Politik aufforderte, hat er niemals Rechnung getragen. Ist er ferner als Minister je den Impulsen, die ihm bezüglich der Umgestaltung der Verhältnisse der sogenannten niederen Bevölkerung gegeben worden sind, gefolgt? Nein, niemals! Wir werden dies zu zeigen noch weiterhin Gelegenheit haben.

Aber Giskra's Phrasendrescherei ging in seiner Journalistentags-Rede noch weiter. Er erklärte, daß „die Presse jederzeit der reine Ausdruck der öffentlichen Meinung" sei, daß sie „in einem parlamentarisch geordneten Staate an dem Gange der öffentlichen Geschäfte einen großen Antheil nimmt, indem sie mit den Ministern ihre Thätigkeit theilt." Und dennoch waren Staatsanwaltschaft und Landesgerichte während seiner Amtsführung unausgesetzt thätig, die dem Ministerium unangenehmen Aeußerungen des „reinen Ausdrucks der öffentlichen Meinung, der Antheilnehmer an den öffentlichen Geschäften" zu verfolgen!

Wir haben dieser Rede so ausführlich Erwähnung gethan, um zu zeigen, wie weit Giskra's Liberalismus in der Praxis von der Theorie entfernt geblieben ist. Noch viel greller trat dieser Unterschied indessen bei einer anderen Gelegenheit hervor.

Am 7. Mai 1868 fand in Wien ein von etwa viertausend Männern besuchter Arbeitertag statt, welcher in einer Resolution die Forderung des allgemeinen Wahlrechts aussprach und beschloß, dieses Aktenstück dem Minister des Innern, Dr. Giskra, durch eine Deputation überreichen zu lassen.

Die Resolution behandelte in ziemlich eingehender Weise die Frage der Selbstverwaltung durch das Volk in Gemeinde und Staat; sie sprach sodann über Religionsfreiheit sowie von der Gleichberechtigung der Nationalitäten und verlangte schließlich das allgemeine Wahlrecht als ein politisches Mittel zur materiellen Förderung der niederen Volksklassen. Minister Dr. Giskra empfing die Deputation, welche zur Ueberreichung des Schriftstücks erwählt war, und hatte mit derselben eine längere Unterredung, welche wir hier nach einer uns zur Verfügung gestellten, von dem Haupt-

sprecher der Deputation, dem Spengler **Brüßhaver**, verfaßten Dar=
stellung im Auszuge wiedergeben:

Der Minister nahm die Resolution entgegen und durchflog sie in Gegen=
wart der Deputation. Bei jener Stelle, wo des Selfgovernments Erwähnung
geschieht, äußerte Dr. Giskra: „Bis jetzt habe ich geschwiegen, doch dies ge=
hört in mein Ressort, was verstehen Sie denn eigentlich unter Selfgovern=
ment?"

Brüßhaver trat in Folge dieser Aufforderung aus der Mitte der De=
putation hervor und sagte: „Excellenz, die Gemeinden sollen ihre Angelegen=
heiten selbst verwalten. . . ."

Der Minister: So!? Wissen Sie nicht, daß eben jetzt ein Gesetz über
die politische Organisation von beiden Häusern des Reichsrathes angenommen
wurde und nur noch die a. h. Sanktion erwartet?

Brüßhaver: Nun, man sagt, es genüge doch nicht, und zudem ist es
noch nicht ausgeführt.

Der Minister: Ja, was wollen Sie denn eigentlich? Hier sehe ich,
daß Sie nicht wissen was Sie wollen, da läßt man die Leute Beschlüsse
fassen, nur damit gesprochen wird. . . . . .

Brüßhaver: Er habe als Verfasser der Resolution den Punkt um
seiner selbst willen darin aufgenommen, damit selbe vollständig sei; übrigens
müsse die Gemeinde=Autonomie weiter durchgeführt werden, als es bis jetzt
der Fall sei.

Der Minister: Ja, reden muß man nur, damit geredet wird.

Hierauf las Se. Excellenz den nächsten Punkt der Resolution und rief:
„Wie? Haben Sie nicht Religionsfreiheit? Enthalten die Staatsgrund=
gesetze hierüber keine genauen Bestimmungen?"

Brüßhaver: Nein, Excellenz, es existirt keine Religionsfreiheit bei uns,
und die Staatsgrundgesetze werden nicht durchgeführt; nehmen Sie nur den
Fall mit der österlichen Beichte des Militärs!*)

Wir brachen, schreibt der Berichterstatter weiter, die Diskussion über diesen
Punkt ab, da selbe sonst wohl bald größere Dimensionen angenommen hätte.
Der nächste Punkt der Resolution gab Sr. Excellenz abermals Gelegenheit,
sich direkt mit der Frage an Brüßhaver zu wenden, ob er glaube, daß §. 19
der Staatsgrundgesetze**) den **Nationalitäten Oesterreichs nicht
Freiheit genug gewähre**?

---

*) Daß das Militär trotz der gesetzlich garantirten Freiheit der Religionsübung beim Oster=
feste zur Beichte, sowie zur Assistenz bei den Frohnleichnamsprozessionen kommandirt wird, ist
eine in Oesterreich allgemein bekannte Thatsache. Nicht selten geschieht es in Provinzialstädten,
daß sogar protestantische Offiziere zum „Himmeltragen" bei den Frohnleichnamsprozessionen
kommandirt werden.

**) Dieser in der gegenwärtigen Lage Oesterreichs wichtige Paragraph lautet: „Alle Volks=
stämme des Staates sind gleichberechtigt, und jeder Volksstamm hat ein unverletzliches Recht auf
Wahrung und Pflege seiner Nationalität und Sprache. Die Gleichberechtigung aller landes=
üblichen Sprachen in Schule, Amt und öffentlichem Leben wird vom Staate anerkannt. In den
Ländern, in welchen mehrere Volksstämme wohnen, sollen die öffentlichen Unterrichtsanstalten
derart eingerichtet sein, daß ohne Anwendung eines Zwanges zur Erlernung einer zweiten Landes=
sprache jeder dieser Volksstämme die erforderlichen Mittel zur Ausbildung in seiner Sprache
erhält."

Brüßhaver: Excellenz, die Lösung der Nationalitätenfrage ist nur möglich, wenn die Nationalitäten selbst verschwinden. Die möglichst größte Gewährung der Gemeinde-Autonomie kann dies erreichen. Zudem kann ein einiges, starkes Oesterreich nur erstehen, wenn die Königreiche und Länder zertrümmert werden. Wenn es kein Böhmen und kein anderes Königreich mehr gibt, dann erst werden wir Alle Oesterreicher sein.

Der Minister: So — glauben Sie, die Landtage werden jemals ihre Einwilligung dazu geben, daß eine Eintheilung in Departements in ganz Oesterreich durchgeführt würde?

Brüßhaver: Es ist der einzige Weg, um ein Oesterreich zu gründen; durch die freiere Gemeindeverfassung würde auch das Beamtenheer und die Vielschreiberei ein Ende nehmen.

Der Minister: Sie sprechen immer von Freiheit, Sie führen selbe immer im Munde. Ich muß glauben, daß Sie nicht wissen, was Freiheit ist, denn sonst würden Sie ein so heiliges Wort nicht so oft erwähnen. Sie werden, wenn Sie so alt sein werden, wie ich, zu anderen Anschauungen gelangen*).

Brüßhaver: Mag sein, Excellenz, daß, wenn wir Ihr Alter erreicht, wenn wir wie Sie zwanzig Jahre und länger schon Reaktion in Oesterreich mitgemacht haben werden, daß wir zu anderen Anschauungen gelangen werden, aber jetzt haben wir diese Meinung.

Der Minister: Nun jede Meinung ist berechtigt. Aber was verstehen Sie denn eigentlich unter Selfgovernment?

Brüßhaver: Excellenz, es dürfte sein, daß wir dies nicht wissen; vielleicht wollen uns Excellenz hierüber Aufklärung geben?

Der Minister: Das Selfgovernment besteht darin, daß die Gemeinde das Recht hat, ihre eigenen Angelegenheiten selbstständig zu besorgen. Auferlegt der Staat der Gemeinde Geschäfte, welche sie für ihn besorgen soll, so entspringt hieraus für die Gemeinde eine auch in Oesterreich schon zu weit gehende Geschäftsüberbürdung.

Brüßhaver: Aber der Vielschreiberei wird dadurch gesteuert, die ganze Verwaltung vereinfacht. Allerdings soll die Gemeinde nicht, wie z. B. jetzt (1868) in Frankreich, wenn sie eine Brücke repariren will, erst in Paris anfragen.

Der Minister: Nirgends besteht weniger Gemeindefreiheit als in Frankreich. Will dort die Gemeinde eine Planke anstreichen lassen, so muß sie erst um die Bewilligung nachsuchen.

Nachdem der Minister die Resolution nun zu Ende gelesen, erklärte er, er könne dieselbe nicht übernehmen, da sie eine totale Aenderung der bestehenden, vor vier Monaten erst von dem gegenwärtigen Ministerium beschworenen Staatsgrundgesetze verlange. Von diesem Ministerium dürfe aber Niemand erwarten, daß es die bestehenden Grundgesetze verleugnen und die Initiative zur Aenderung derselben ergreifen werde.

Brüßhaver: Excellenz! Zu einer Erweiterung der bestehenden Freiheit wird gewiß Jeder mit Freuden seine Zustimmung geben.

---

*) Brüßhaver war damals etwa dreißig Jahre alt, Gislra sechsundvierzig.

Der Minister: Sie führen immer das Wort Freiheit im Munde. — Denn sage ich Ihnen, meine Herren, das allgemeine Wahlrecht ist eine Bärenhäuterei, ist nicht durchführbar. Darüber muß man zur Tagesordnung übergehen.

Brühbauer: Excellenz, es mag sein, daß wir des Herrn Jurist zu sehr ins Gewicht führen, aber wir sind jung, wir haben noch Ideale, wir sehen das Leben noch von keiner so realen Seite an, und deshalb haben wir auch eine andere Meinung. Sie glauben, Excellenz, daß man über Diejenigen, welche über das allgemeine Wahlrecht zur Tagesordnung gesprochen wollen, irgendwie desgleichen zur Tagesordnung übergehen wird.

Der Minister: Da haben Sie Recht, Ruinen und Schemen werden uns geben zu Grunde, der Baum müsse, bricht sich nit, und vermöchte zu setzt.

Brühbauer: Excellenz, nehmen Sie uns nicht alle Hoffnung, versprechen Sie uns Revolution und sagen Sie: vielleicht in späterer Zeit, vielleicht in einem Jahre, daß eine Aenderung zu boßen sei.

Der Minister: Nein, das allgemeine und direkte Wahlrecht hat eine Grenze, es ist nicht durchführbar, die bestehenden Landtage werden nie ihre Zustimmung geben*.

Brühbauer: Excellenz, die Staaten gaben 1789 in Frankreich auch nicht ihre Zustimmung, daß man über sie hinwegschreiten und doch glaube ich, das allgemeine und direkte Wahlrecht im Jahre 1848 ein Parlament in Oesterreich ergeben, auf welches wir heißsetzen können.

Der Minister: Wer heute ist es nicht durchführbar, es ist eine Unmöglichkeit und glauben Sie, daß wenn die heutige Regierung zurücktritt, eine nachkommen wird, schlimmer als die vergangene?

Brühbauer: Excellenz, nehmen Sie uns nicht unsere Hoffnung, sagen Sie wenigstens, die Regierung werde die Wünsche in Erwägung geben und wenn sie die Zeit gekommen glaubt, dieselben zur Ausführung gebracht sein.

Der Minister: Nein, das kann und werde ich nicht! Angesichts dessen, daß ich erst vor den Kammern die Staatsgrundgesetze beschworen habe, kann ich mich nicht bereiten, eine Aenderung derselben zu bevorworten. Glauben Sie nicht, daß die gegenwärtige Regierung Gesetze und Schema wie einen Rock wechseln.

Brühbauer: Excellenz, wir haben aber des in Oesterreich Beweise, daß Gesetze und Schema wie ein Rock gewechselt wurden....

Der Minister (unterbrechend): Das ist jetzt aber nicht der Fall.

Brühbauer (fortsetzend): Aber denn! Was begreifen der eigentlich die Gesetzvorlagen, welche dem Reichsrathe zur Berathung vorgelegt werden, Anderes als gerade eine Aenderung der bestehenden Gesetze? Im Jahre 1848 erkannte man, daß das Wahlrecht mit Census sich überlebt habe, und

---

* Gaben haben ganz gewiß Recht, wenn es meinte: daß die bestehende Ordnung sich gegen das allgemeine Wahlrecht sträuben würde. Dafür sind sie eben noch, weil sie aus der aus ihrer hervorgegangenen Reichsrath, keine Volks- sondern nur Interessen-Vertretungen beherbergen Stände, deren Vorrechte durch das allgemeine Wahlrecht schwerlich zu bedeutend beschränkt werden würden.

heute sucht man es künstlich zu beleben, wie eine galvanisirte Leiche. Vor 20 Jahren beschloß das deutsche Parlament in der Paulskirche das allgemeine Wahlrecht für ganz Deutschland....

Der Minister: Ich saß in der Paulskirche, ich war in der betreffenden Commission zur Berathung des Gesetzentwurfes, ich hatte die Ehre, hierüber von der Tribüne herab zu sprechen, und ich sage Ihnen, daß ich nichts davon weiß.... Meine Herren! Die Resolution kann ich unter keiner Bedingung entgegennehmen. (Bei diesen Worten reichte Dr. Giskra das Schriftstück an das Deputationsmitglied, aus dessen Händen er dasselbe empfangen hatte, zurück.)

Brüßhaver: Excellenz es wurde beschlossen, die Deputation habe über den Erfolg des heutigen Schrittes auf dem nächsten Arbeitertage Bericht zu erstatten. Welche Antwort sollen wir geben?

Der Minister (nach einer Pause): Nun geben Sie mir die Resolution zurück. Ich werde sie einem Ministerrathe unterbreiten, aber das sage ich Ihnen, das allgemeine direkte Wahlrecht ist undurchführbar.

Brüßhaver: Derzeit?

Der Minister: Nein, nein! Es ist in Oesterreich nicht möglich...... Glauben Sie nicht, daß wir in Oesterreich eine Pöbelherrschaft einführen werden, wo das Proletariat mit den Mützen auf dem Kopfe und der Pike in den Händen in den Sitzungssaal stürmt.....*).

Ein Mitglied der Deputation entgegnete hierauf: Sicher nicht, Excellenz wir sind Arbeiter und sind stolz darauf, den Gesetzen Achtung zu verschaffen und sie selbst zu achten.

Der Minister: Deshalb, daß Sie als Menschen geboren werden, erhalten Sie noch kein Recht, ein Wahlrecht geltend zu machen, Sie müssen dasselbe erwerben, indem man annimmt, daß Sie ein Interesse daran finden; dies Interesse wird durch die direkte Steuer bestimmt.

Brüßhaver: Nun, Excellenz, Wien, ganz Oesterreich, ja Deutschland bieten uns das Bild, daß gerade Jene, welche ein Interesse an der Wahl finden sollen, sich nicht daran betheiligen.

Der Minister: Es ist wahr, daß ein großer Indifferentismus herrscht, derselbe kann aber nicht so schnell gebrochen werden. Es muß erst ein neues Geschlecht von Bürgern herangezogen werden.

Brüßhaver: Wenn schon die direkte Steuer allein die Wahlfähigkeit verschaffen soll, weshalb führt denn die Regierung keine Steuer ein, welcher der Arbeiter sich unterwirft. Das Geld könnte die Regierung gewiß brauchen?

Der Minister: Das allgemeine Wahlrecht bietet den weitesten Spielraum der Korruption....

Brüßhaver: Excellenz, geben Sie uns nur einige Hoffnung. Sie wissen ja, wie gerne die Völker dankbar sind, und wie sie sich schon freuen, wenn ihnen selbst nur eine geringe Menge von Freiheit versprochen wird.

Der Minister: Nun, das allgemeine Wahlrecht liegt nicht im Wunsche der Bevölkerung. Es wird nur von einem sehr kleinen Theile

---

*) Also die Einführung des allgemeinen und direkten Wahlrechts erklärt Dr. Giskra gleichbedeutend mit Verwirklichung der „Pöbelherrschaft".

gewünscht. Die Landtage und der Reichsrath, denen in dieser Sache die Initiative obliegt, haben noch keinen diesbezüglichen Wunsch ausgesprochen und nur einmal wurde von der äußersten Linken ein dahin zielender Wunsch geäußert, der natürlich nicht angenommen wurde.

Die Audienz war damit geschlossen.

Jedes einzelne Wort, welches Dr. Giskra bei dieser Gelegenheit gesprochen, ist im höchsten Grade charakteristisch, nicht nur für ihn, sondern für die ganze „liberale" Partei, welche sich jetzt die „verfassungstreue" nennt. Wahrhaft köstlich ist es, wie er zum Schlusse die Meinung, das allgemeine Wahlrecht liege nicht im Wunsche der Bevölkerung, begründet. Weil die Interessen-Vertretungen — die Landtage und der Reichsrath — keinen diesbezüglichen Antrag eingebracht und weil eine von einem Mitgliede der äußersten Linken im Abgeordnetenhause gethane, auf das allgemeine Wahlrecht hinzielende Aeußerung durch sofort entstandenen Tumult fast unverständlich geworden, darum, folgerte Giskra, könne das allgemeine Wahlrecht nicht der Wunsch des Volkes sein. Was aber ein ganz eigenthümliches Streiflicht auf den Minister wirft, ist der Umstand, daß er selbst wenige Monate vor jener Audienz, als er freilich noch nicht Minister war, in einer öffentlichen Rede für möglichst weit gehende Wahlfreiheit und ausgedehntes Wahlrecht, sogar für das Wahlrecht der Frauen, gesprochen. Tempora mutantur. . . .

Die Versucher „Glanz und Ehre" waren an ihn herangetreten; wie stand es jetzt mit dem „Mannesstolz", von dem er 1861 vor seinen Wählern gesprochen?

Während Dr. Giskra Minister war, ist er von der Wohlhabenheit zu Reichthum gelangt. Das Ministerium ist aber nicht dazu angethan, einen solchen Wechsel zu ermöglichen, er muß den Reichthum also auf anderem Wege erworben haben.

Es ist eine bekannte Thatsache, daß gerade in jener Zeit der Adel Oesterreichs um manches Mitglied vermehrt worden ist. Dem Grafen Beust hat man wiederholentlich öffentlich vorgeworfen, er habe ein Geschäft aus dem Handel mit Adelsdiplomen gemacht, und es ist noch niemand aufgetreten, der es gewagt hätte, diese Anklage zu widerlegen. Nicht fortleugnen läßt sich ferner, daß gerade eine Anzahl von reichen Börsianern, welche vormals Clienten des Advokaten Giskra gewesen, während derselbe Minister war, in den Adelsstand erhoben worden sind. Und als er das Portefeuille niedergelegt hatte, vergingen nur wenige Tage, bis er durch den

Einfluß derselben Persönlichkeiten vierfacher Verwaltungsrath geworden, also Stellungen erhalten hatte, die ihm, ohne irgend welche anstrengende Thätigkeit, ein Jahreseinkommen sicherten, welches mindestens doppelt so hoch, als sein ehemaliges Ministergehalt war. Sollte dies so ganz aus bloßer Zuneigung zu dem Manne geschehen sein oder sollte auch hier das Sprüchwort „eine Hand wäscht die andre" Geltung haben?

Die „Dezemberverfassung" ist theilweise das Werk Gisra's, er hat sie als Minister beschworen und hat daher die Pflicht gehabt, sie zu halten. Aber den Aenderungen derselben, welche auf legalem Wege zu Stande hätten kommen können, sich mit solcher Schroffheit gegenüber zu stellen, wie er dies in seinen Aeußerungen bei der Audienz der Deputation des Arbeitertages gethan, war unbedingt nicht politisch-klug. Mit der gleichen Schroffheit trat er der nationalen Opposition der Czechen, Polen 2c. entgegen und so kam es denn dahin, daß seine Popularität rasch schwand und daß seinen Rücktritt nach kaum zweijähriger Amtsdauer nur verschwindend wenige bedauerten. Seine Gegner hatten es verstanden, ihren Anhang, der noch 1868 ungemein schwach war, rasch zu vergrößern, die Zahl seiner Anhänger dagegen hatte sich vermindert.

Als endlich das Ministerium Hohenwart gebildet wurde, begriffen die Anhänger der „Dezemberverfassung", daß es jetzt heiße, die letzten Trümpfe auszuspielen. Sie schlossen sich also eng zusammen und brachten Giskra, der unter allen Umständen einer ihrer Begabtesten ist, wieder in den Vordergrund. Sie kämpften angeblich für das deutsche Interesse, für den Liberalismus in Oesterreich, in Wahrheit aber nur für ihr Privatinteresse, für die Herrschaft einer Clique, deren auf den Börsen- und Aktienschwindel gegründete Macht fallen muß oder wenigstens ungeheuer beschnitten wird, wenn die Befugnisse des Reichsraths vermindert, die der Landtage der einzelnen Kronländer dagegen erweitert werden oder wenn gar ein neues demokratischeres Wahlgesetz zur Durchführung gelangen würde.

Das Ministerium Hohenwart-Schaeffle hat indessen ebenfalls Fiasko gemacht. Es ist gefallen und im Interesse der bürgerlichen Freiheit ist dies nicht zu bedauern. Freilich hatten sich die Männer dieses Kabinettes die Aufgabe gestellt, die nationale Gleichberechtigung unter den Völkern Oesterreichs herzustellen, aber sie begünstigten auch offenbar den Ultramontanismus, was jene gute Absicht wohl aufwiegt. Außerdem hat namentlich Schaeffle, der sich, so lange er nur Professor war, mit Entschiedenheit gegen die wirthschaftliche Corruption in Wort und Schrift aufgetreten ist, als Minister geradezu nichts gethan, um dem Mißbrauche der Gewalt, welche das Kapital verleiht, zu steuern. Er hat dadurch den Erwartungen, welche man von ihm hegen durfte, sehr wenig entsprochen und ist in Folge dessen aus seiner Stellung geschieden, ohne daß irgend Jemand seinen Rücktritt beklagt hätte. Schaeffle hatte außerdem die große Schwäche, sich von einem Manne, einem Journalisten, dessen politische Gesinnungslosigkeit und Käuflichkeit allgemein bekannt ist, leiten zu lassen. Dieser Mann war der ehemalige preußische Abgeordnete Dr. Julius Frese, der längere Zeit im Solde des Hietzinger Hofes gestanden und dann das offiziöse „österreichische Journal" redigirte, ein Blatt, welches der Regierung kolossale Summen gekostet hat, aber trotz seines zweimaligen täglichen Erscheinens nie mehr als circa hundertfünfzig Abonnenten gewinnen konnte.' Es war zu schlecht geschrieben, zu schlecht, zu talentlos redigirt, um einen ausgebreiteten Leserkreis finden zu können. Nach dem Falle des Ministeriums Hohenwart hörte es auch auf zu erscheinen. Der Dr. Frese aber, der in Wien schließlich eine so verachtete Persönlichkeit war, daß sich selbst die Wiener Journalisten nicht mehr dazu herbeiließen, gegen sein Geschreibsel zu polemisiren, war der vertraute Rathgeber des Ministers Schaeffle. Und was ferner den Grafen Hohenwart betrifft, so war dieser seinem ganzen Wesen nach nichts als ein Junker. Die freisinnigen Föderalisten in Oesterreich haben es stets bedauert, daß er zum Träger des Föderalismus geworden, den er durch seine antiliberale Richtung nur diskreditiren konnte.

Doch, wie gesagt, das Ministerium Hohenwart-Schaeffle, ist beseitigt. Die liberale, verfassungstreue Partei ist wieder am Ruder, wir haben eine zweite Auflage des Bürgerministeriums. Giskra ist nicht wieder an das Staatsruder gekommen, aber seine Anhänger hoffen noch immer, ihn wieder einmal als Inhaber eines Ministerportefeuille's zu sehen. Giskra selbst scheint sich nicht darnach zu sehnen, er ist Präsident des Verwaltungsrathes bei der Franko-österreichischen Bank, ferner Verwaltungsrathsmitglied bei verschiedenen anderen Banken und sonstigen Aktien-Unternehmungen und befindet sich so in der angenehmen Lage, ein Jahreseinkommen zu besitzen, welchem ein Ministergehalt auch nicht annähernd gleichkommen kann. Will er außerdem seiner Eitelkeit genügen, so ist ihm dazu im Abgeordnetenhause Gelegenheit geboten; er hält dann dort wieder einmal eine seiner glänzenden Reden und erndtet den Beifall, der bei seinem Auditorium schon zur Gewohnheit geworden ist. Warum sollte er sich also nach einem Ministerportefeuille sehnen?!

Uebrigens kann sich Oesterreich gratuliren, daß er nicht zum zweiten Male Minister geworden ist. Unter seiner und seiner Genossen Regierung ist die wirthschaftliche Corruption, der Börsenschwindel zu einer nie geahnten Blüthe gelangt und — die Anklage ist schwer, aber wir müssen sie erheben — die Möglichkeit zur Entwicklung dieses unerhörten Schwindels wurde lediglich durch das herrschende System und seine Träger, das heißt durch Giskra und seine Kollegen im Ministerium, geboten. Was wäre also zu hoffen, was wäre zu erwarten gewesen, wenn die Letzteren zum zweiten Male an das Staatsruder gelangt wären!

Freilich viel besser, als es unter dem wiedererstandenen Ministerium Giskra-Herbst hätte werden können, ist es unter den Nachfolgern des Kabinettes Hohenwart-Schaeffle auch nicht geworden. Das Börsenspiel und der Börsenschwindel haben eine Höhe erreicht, wie solche 1869 noch gar nicht erreicht worden war. Dabei ist jedoch zu bedenken, daß die wirthschaftlichen Vorbedingungen heute andere, das heißt der Speculation viel günstigere sind, als sie damals gewesen; ferner ist die Anregung zur neuesten „Gründungsperiode" nicht in Oesterreich, sondern in Deutschland gegeben worden. Wenn dieselbe aber in Oesterreich so ungemein leichten Eingang gefunden, wie dies thatsächlich der Fall gewesen, so liegt die Schuld daran mindestens theilweise in der herrschenden politischen Strömung, in dem Liberalismus, der durch das Ministerium Auersperg repäsentirt wird und der im Grunde genommen, ganz und gar auch nichts Anderes als der Liberalismus Giskra's und seiner Parteigenossen ist.

Wir haben die obige Charakteristik Giskra's mit vielen allgemeinen Bemerkungen und thatsächlichen Angaben durchflochten, die nicht unbedingt zur Kennzeichnung seiner Persönlichkeit gehörten; wir hielten dies indessen für nothwendig, um den nichtösterreichischen Leser mit den Verhältnissen vertraut zu machen, deren Kenntniß zur Beurtheilung der politischen Situation Oesterreichs nothwendig ist, und um dem Oesterreicher gewisse Fakta in's Gedächtniß zu rufen, welche heute im Gewirre des Verfassungskampfes zum Theil fast vergessen zu sein scheinen.

Fassen wir unsre Meinung über Giskra mit kurzen Worten zusammen, so können wir dieselbe folgendermaßen formuliren:

Giskra ist nichts weniger, als ein Demokrat. Sein politischer Charakter hat seit den dreiundzwanzig Jahren, seitdem er in der Oeffentlichkeit eine Rolle gespielt, sich entschieden sehr zu seinem Nachtheile geändert. Der opferwillige Volksmann vom Jahr 1848 ist zum Egoisten geworden, der für sich und seine Partei die Freiheit will, die ihm zu ungehinderter Bewegung im eignen Interesse nützlich sein kann. Freiheit für Alle gilt ihm heute gleich mit „Pöbelherrschaft." Dabei hat er sein Talent, seine Rednergabe, sein Wissen benutzt und benutzt dieselben noch, um für sich Reklame zu machen, um seinen Einfluß zu erhöhen, indem er der Welt „Sand in die Augen streut", während er im Stillen seinen Säckel füllt. Auf den Namen eines „Volksmannes" hat ein solcher Mann nun und nimmermehr Anspruch.

Sind wir bei Giskra vielleicht etwas zu weitschweifig gewesen, so dürfen wir uns bei den folgenden Charakteristiken um so kürzer fassen, zumal er, wie gesagt, einer der hervorragendsten, wenn nicht der bedeutendste Vertreter seiner Richtung ist und wir diese Richtung selbst nunmehr auch gekennzeichnet haben.

Fürst Adolf Auersperg.

Fürst Adolf Auersperg ist eigentlich keine „parlamentarische Größe", seine Charakteristik gehört also, streng genommen, gar nicht in diese Schrift, indessen dürfte es dem Leser nicht unangenehm sein, einige Notizen über ihn zu erhalten, da er bestimmt war, nach dem Falle des Grafen Hohenwart und nachdem Herr von Kellersperg sich vergeblich bemüht hatte, ein neues Kabinet zu bilden, als Ministerpräsident an die Spitze der Regierungsgeschäfte zu treten.

Adolf Auersperg — nicht zu verwechseln mit dem früheren Ministerpräsidenten Carlos Auersperg oder mit Anton Auersperg (dem Dichter Anastasius Grün) — ist ein Mitglied der zahlreichen, viel verzweigten Familie, welcher Oesterreich eine lange Reihe von Staatsmännern und Generalen verdankt, von denen jedoch nur sehr Wenige Bedeutendes geleistet haben. Er ist geboren am 21. Juli 1821 und befindet sich gegenwärtig also in seinem einundfünfzigsten Lebensjahre. Seine Qualifikation zu der Stellung, welche er gegenwärtig einnimmt, glauben wir nicht in Zweifel zu ziehen, wenn wir ferner erwähnen, daß er Kavallerie-Officier gewesen und es als solcher bis zum Major gebracht hat. Er nahm in den sechziger Jahren seinen Abschied aus der Armee, um sich dem politischen Leben zu widmen; der verfassungstreue Großgrundbesitz wählte ihn nämlich im Februar 1867 in den böhmischen Landtag. Wenige Monate später zeigte sich auch schon, wie richtig es gewesen, daß er seine Arbeitskraft den politischen Dingen zugewandt hatte, denn er wurde zum Oberst-Landmarschall von Böhmen ernannt. Im Januar 1869 erhielt er auch die Würde eines lebenslänglichen Herrenhausmitgliedes. Am 15. März 1870 erfolgte sodann seine Ernennung zum Landespräsidenten des Herzogthums Salzburg. Er hat also in seiner staatsmännischen Laufbahn entschieden bessere Carrière gemacht, als in seiner militärischen, denn während er es in dieser während mehr als zwanzig Jahren nur bis zum Major gebracht hatte, genügten schon fünf Jahre, um ihn in jener bis zum Minister-Präsidenten kommen zu lassen.

Die Ernennung dieses Mannes zum Leiter der Staatsgeschäfte hat den verfassungstreuen Blättern natürlich Veranlassung gegeben, sofort in Jubelhymnen auszubrechen. Es war ja Eins sicher: Auersperg ist ein Anhänger der Verfassung, ein Gegner des Föderalismus. Selbstverständlich mußte er von seinen Gesinnungsgenossen nun auch nach Möglichkeit gelobt werden. Da hieß es zum Beispiel: „Fast drei Jahre hindurch leitete Fürst Adolf Auersperg die Sitzungen des böhmischen Landtages und die Geschäfte des Landesausschusses und entwickelte neben der gewinnendsten Liebenswürdigkeit die dankenswertheste, mitunter an die militärische Disziplin gemahnende Energie; weit bemerkenswerther aber noch als das gesunde politische Verständniß, das er zeigte, war der sittliche Ernst und die unerschütterliche Gesinnungstreue, mit denen er seine Aufgabe erfaßte. Er kann mit gesundem politischen Takt und ehrlichem Liberalismus zu Zeiten auch eine gewisse soldatische Kurzangebundenheit verbinden, — eine Eigenschaft, die ihm mitunter gar nicht zum Schaden gereichen könnte."*)

Aehnliche Lobsprüche enthielten in den nächsten Tagen nach Auersperg's Ernennung sämmtliche verfassungstreue Blätter Oesterreichs. Ob dieselben gerechtfertigt waren? Nun, wir wollen eine Geschichte erzählen und das Urtheil unseren Lesern überlassen.

Als im Jahre 1870 der Baron Widmann zum cisleithanischen Landesvertheidigungsminister in dem Ministerium Taaffe-Potocki ernannt worden war, brachte wenige Tage nachher die Grazer „Tagespost" die ausführliche Darstellung eines vor Jahren stattgefundenen Vorfalles, bei welchem ein Kavallerie-Lieutenant Widmann eine Hauptrolle gespielt hatte. Um die bekannte Thatsache nur kurz zu erwähnen, bemerken wir, daß jener Lieutenant einen Zuckerbäcker in Graz, dem er verschuldet war und der ihm weiteren Credit verweigert hatte, mit der blanken Waffe angefallen. Der Minister aber und der ehemalige junge Officier waren ein und dieselbe Person. Mit Recht hoben damals die verfassungstreuen Blätter, denen das genannte Ministerium nicht genehm war, hervor, daß ein Mann,

---

*) „Die Presse", Morgen-Ausgabe vom 24. November 1871.

an dessen Vergangenheit ein derartiger Makel hafte, nicht geeignet sei, eins der höchsten Aemter im Staate zu bekleiden. Wie dies in einem ähnlichen Falle wahrscheinlich jede Partei gethan haben würde, suchten die „Verfassungstreuen" sodann aus dem Faktum nach Kräften politisches Kapital zu schlagen, was ihnen so vortrefflich gelang, daß Baron Widmann binnen Kurzem zur Demission genöthigt war.

Es kommt uns nicht im Entferntesten in den Sinn, den verfassungstreuen Blättern aus ihrer Haltung in der Widmann-Affäre einen Vorwurf zu machen. Wer sich einmal in junkerlichem Uebermuth so weit vergessen, wie der Baron dies gethan, mag die Folgen davon tragen, und im politischen Parteikampfe hat ein Jeder das Recht, die Blößen des Gegners zu benutzen, wie und wo er kann. Bemerkt muß jedoch werden, daß das Ministerium Taaffe-Potocki die Preßfreiheit insofern vollkommen respektirte, als es die heftigen Angriffe gegen Widmann, sowie die Vorwürfe, die gegen die Grafen Taaffe und Potocki selbst, welche die Berufung jenes Mannes in das Kabinet veranlaßt hatten, nicht zum Vorwande für Konfiskationen der Blätter oder für Preßprozesse nahm. Die der damaligen Regierung gewiß sehr unbequemen Journale wurden in keiner Weise in ihrer Opposition durch eine Verfolgung, zu welcher das Ministerium jedenfalls die Machtmittel besaß, gehindert oder beschränkt.

Diesem Vorgange steht nun ein anderer aus neuerer Zeit gegenüber. Als nämlich Fürst Adolph Auersperg Minister geworden, brachte die Prager „Politik" eine Enthüllung, worin der Fürst beschuldigt wurde, vor Jahren in Prag ein unsittliches Attentat gegen ein Mädchen verübt zu haben. Wie weit dieser Vorwurf gerechtfertigt war, vermögen wir nicht zu entscheiden, indessen müssen wir hervorheben, daß sofort, nachdem das Prager Blatt seine Mittheilung gemacht hatte, Auersperg seine von der „Presse" gerühmte „mitunter an die militärische Disziplin gemahnende Energie", seine „gewisse soldatische Kurzangebundenheit" zeigte. Die „Politik" wurde sofort konfiszirt, es folgten bei diesem Journale sodann innerhalb vierzehn Tagen nicht weniger als eilf Konfiskationen. Jede Notiz über die angedeutete Affäre in den föderalistischen Zeitungen wurde auf diese Weise unterdrückt und daß die Verfassungstreuen, wenn sie wirklich davon Kenntniß erhalten, die Sache absichtlich todt schwiegen, lag auf der Hand. So ist es denn möglich geworden, die Enthüllung über den Fürsten Auersperg, welche mindestens ebenso gravirender Natur ist, wie diejenige über den Baron Widmann war, mit Hülfe der Preßpolizei der allgemeinen Kenntniß zu entziehen.

Und nun fragen wir, welches Ministerium liberaler gehandelt, ob das zum Föderalismus sich hinneigende Taaffe=Potocki'sche oder ob das verfassungstreue des Fürsten Auersperg? Entspricht das Vorgehen des Ministeriums Auersperg in diesem Falle überhaupt dem konstitutionellen Prinzip? Verdient Fürst Auersperg das Lob der „Presse", das Lob, er besitze „gesunden politischen Takt, ehr=lichen Liberalismus, gewinnendste Liebenswürdigkeit, sittlichen Ernst und unerschütterliche Gesinnungstreue"?

Die Leser mögen über diese Fragen entscheiden. Wir sind fertig mit dem Fürsten Auersperg, wir haben oben gesagt, er ge=höre nicht zu den parlamentarischen Größen. Wir können ihm da=her auch nicht viel Raum gewähren, indessen glaubten wir seiner erwähnen zu dürfen, wenn auch nur, um ein Faktum, welches für ihn, wie für seine politischen Parteigenossen höchst charakteristisch ist, mitzutheilen.

Ignaz Kuranda.

Wenn wir unter den parlamentarischen Größen Oesterreichs Kuranda mit Giskra zusammenstellen, so lächelt vielleicht Mancher darüber. Von Giskra sagt nämlich ein Jeder, selbst sein ärgster Feind: er ist ein kluger, talentvoller Mensch, er besitzt große Fähigkeiten und weiß dieselben zu verwerthen. Von Kuranda behaupten dagegen alle, sogar seine besten Freunde, das Gegentheil; er besitzt nur eine einzige Fähigkeit, für welche wir keine passendere Bezeichnung als „Utilitäts-Instinkt" finden können. Daß beide Männer aber trotz dieser großen Verschiedenheit ihres innersten Wesens so sehr an einem Strange ziehen, wie dies der Fall ist, veranlaßt uns, eine Parallele zwischen ihnen zu ziehen.

Auch in der äußeren Erscheinung ist der Unterschied zwischen Giskra und Kuranda auffallend. Den Ersteren haben wir geschildert; der Letztere ist kleiner, als jener, viel kleiner, er macht den Eindruck eines Menschen, der in seiner Jugend eine schwere Krankheit erlebt hat und in Folge dessen im Wachsthum stehen geblieben. Also er ist ein kleines, schmächtiges Männchen, hat ungemein kurze, etwas o-förmig gebogene Beine und einen verhältnißmäßig sehr langen Oberkörper, den er mit Vorliebe in den Hüften wiegt, dazu einen kleinen Kopf, eine lange, dicke, etwas orientalisch gebogene Nase, ein längliches rasirtes Kinn und einen diplomatischen Backenbart. Es kann für einen Karrikaturen-Zeichner keine dankbarere Figur geben, als Kuranda's Persönlichkeit sie bietet, und es ist schon aus diesem Grunde sehr natürlich, daß die Wiener Witzblätter unter ihren Bildern seine Gestalt sehr häufig bald in dieser bald in jener komischen Situation zeigen.

Ignaz Kuranda ist 1812 zu Prag geboren. Die Zeit seiner

Entwicklung fällt also in diejenige Periode, welche in Deutschland namentlich die Männer des „gemäßigten Fortschritts" erzeugt hat. Man nannte diese Leute damals schon „unruhige Köpfe", obgleich sie in ihrem schwachmüthigen Liberalismus doch nur auf sehr unbedeutende Reformen drangen; man maßregelte sie, weil den Regierungen jede geistige Bewegung, und mochte dieselbe auch noch so unschuldiger Natur sein, staatsgefährlich erschien, weil ihnen schon das Wort „Reform", sobald es nur ausgesprochen wurde, schwere Sorge machte. So Mancher, der 1848 im Frankfurter Parlament oder in irgend einer andern Volksvertretung eines deutschen Staates auf der äußersten Rechten saß, war von den vormärzlichen Gewalthabern zum politischen Märtyrer gemacht worden, weil er in den zahmsten Worten, die man sich denken kann, zu sagen gewagt hatte, daß es eine Staatsform gebe, die unsern Kulturzuständen angemessener sei, als der Absolutismus.

Seiner ganzen Anschauungsweise nach gehörte der junge Kuranda zur Zeit, als er seine politische Thätigkeit begann, den „gemäßigt Liberalen" des Vormärzes an. Im Großen und Ganzen ist diese Richtung auch stets bis heute die seine geblieben. Bei irgend einer vorgeschlagenen Reform, bei einem angeregten Fortschritt überlegt er immer, ob es dazu auch nicht zu früh sei, ob es sich nicht empfehle, damit noch zu warten. Wenn er als Parlamentsredner etwas empfiehlt, so erwägt er mit einem unendlichen Wortschwall die Gründe, die für und wider die Sache sprechen, und nach dem Beifall, den er dann findet, weiß er seine Schlußsätze stets so einzurichten, daß er sicher sein kann, auf Seiten der Majorität zu stehen.

Seine eigentliche Rolle begann er im Jahre 1841 mit der Gründung der „Grenzboten", 1843 siedelte er nach Leipzig über, im Frühjahr 1846 ging er nach Berlin, wo er jedoch im Herbste desselben Jahres ausgewiesen wurde. Die „Grenzboten" gingen dann 1848 an Freytag und Schmidt über, Kuranda aber gab nun in Wien ein neues Blatt, die „ostdeutsche Post" heraus.

In dem erwachenden politischen Leben des Revolutionsjahres war man in vielen Theilen Deutschlands, am meisten jedoch wohl in Oesterreich, in Verlegenheit, wen man in die neugeschaffenen Parlamente senden sollte. Naturgemäß fiel der Blick unter diesen Umständen auf die Männer, welche sich vorher politisch irgendwie bemerklich gemacht hatten. Mancher wurde damals gewählt, der wirklich eine höchst unbedeutende Persönlichkeit war. Für Kuranda sprach die Gründung der „Grenzboten" und seine Ausweisung aus Berlin. In Teplitz fiel also die Wahl zum Abgeordneten für die deutsche Nationalversammlung in Frankfurt auf ihn.

Daß man Kuranda, den Juden, damals zum Volksvertreter machte, ist mehrfach als eine besonders für ihn sprechende Thatsache erwähnt worden. Im Jahre 1848 war man indessen allgemein in religiöser Beziehung sehr wenig engherzig, man wollte einen Politiker und nahm ihn, wo man ihn fand. Uebrigens erscheint uns derjenige, der es auffällig findet, wenn ein Jude gewählt wird, kaum weniger intolerant, als ein Anderer, der dem Juden, lediglich weil derselbe Jude ist, seine Stimme versagt.

Binnen kurzer Zeit überzeugte sich Kuranda in Frankfurt, daß er dort nur eine sehr unbedeutende Rolle spielen konnte, namentlich aber lockte ihn die Hoffnung auf gute publizistische Geschäfte nach Wien; er verließ also seinen Sitz im Parlament und redigirte in Wien seine „ostdeutsche Post." Dies Blatt hat nie eine besondere Verbreitung gefunden und ist zur Zeit des Belcredi'schen Regiments endlich eingegangen. Kuranda war damals nämlich bereits reich genug, um als Privatier leben zu können.

Auf welche Weise er zu dem Reichthum gelangt ist, wird sich derjenige leicht erklären können, der es weiß, wie rentabel sich in Oesterreich der Einfluß gestalten läßt, den der Besitz einer Zeitung und ein Abgeordneten=Mandat verleiht. Beides stand ihm zur Verfügung und beides hat ihm seinen goldnen Segen getragen. Der Utilitäts=Instinkt, den er besitzt, ließ ihn stets den richtigen Moment finden, um für sich Reklame zu machen oder machen zu lassen. Der Utilitäts=Instinkt leitete ihn ferner sowohl bei seiner literarischen, wie bei seiner rhetorischen Thätigkeit, indem er ihm die richtige Art eingab, den Mangel an Gedanken durch unbestimmte, vieldeutige Worte zu verdecken. Er hat sich dadurch in gewissen Kreisen in den Ruf eines feinen Diplomaten gebracht, Männer jedoch, deren geistige Bildung groß genug ist, um Kuranda's Fähigkeiten beurtheilen zu können, sind bei weitem eher geneigt, über ihn zu lächeln, als ihn zu bewundern.

Wie alle Menschen von beschränktem Geiste, hat Kuranda eine ungemein hohe Meinung von sich selbst; er bildet sich ein, daß ganz Europa aufhorche, sobald er es für gut hält, seine Stimme in irgend einer Debatte des Abgeordneten=Hauses zu erheben. Und er thut dies sehr oft, er ist sehr redselig. Ueberhaupt sucht er die Aufmerksamkeit der Deputirten, der Minister und des zuhörenden

Publikums, stets so viel wie möglich auf sich zu lenken. Läßt er nicht sein rhetorisches Talent glänzen, so bleibt er selten an seinem Platze, bald hat er hier, bald dort etwas zu thun, bald Diesem eine Mittheilung zu machen, bald sich mit Jenem zu unterhalten. Dabei nimmt er immer eine „staatsmännische Haltung" an; die eine Hand in dem zugeknöpften schwarzen Rock, den Kopf selbstbewußt gehoben, die Gesichtszüge in würdevolle Falten gelegt, schreitet er in den Räumen des Hauses umher, als ob er einem Jeden zurufen möchte: „Schaut auf mich, seht her, ich bin der große, der berühmte Ignaz Kuranda." Sein größter Schmerz ist es, daß trotz des häufigen Ministerwechsels in Oesterreich noch nie das Auge des Monarchen auf ihn gefallen, daß er noch nicht Excellenz geworden. Steht eine Ministerkrisis bevor, dann schlägt regelmäßig sein Herz rascher, dann sucht er alle ihm zu Gebote stehenden Mttttel in Bewegung zu setzen, um für sich Propaganda zu machen, dann hofft er jedesmal, endlich werde sein sehnlichster Wunsch erfüllt werden, aber — es ist immer vergebens, in Oesterreich ist freilich schon mancher Unfähige Minister gewesen, an einen Kuranda wird man jedoch niemals im Ernste denken.

Wahrhaft rührend war sein Verhältniß zu Beust. Es mag sein, daß ihm das Talent dieses Mannes imponirte, wahrscheinlicher ist indessen, daß er, wiederum seinem Utilitäts-Instinkt folgend, es für praktisch hielt, dem Reichskanzler den Hof zu machen, um durch den Einfluß desselben zu gewinnen. Wenn Beust im Reichsrathe sprach, so nahm Kuranda sofort seine „staatsmännische Haltung" an, nickte zustimmend bei den unbedeutendsten Sätzen, legte nachdenklich seinen Finger an die Nase und gab durch allerlei Zeichen seinen Beifall kund. War die Rede zu Ende, dann eilte er auf den Redner zu und wechselte leise einige verbindliche Worte mit demselben. Außerdem aber machte er entschieden Propaganda für den „Morgenstern" Oesterreichs, dem er bei jeder nur möglichen Gelegenheit zu verstehen gab: er, Beust, sei der größte Diplomat der Welt und er, Kuranda, der zweitgrößte.

Wenn er damit nun auch nicht erreichte, was er jedenfalls wünschte, daß ihm nämlich ein hoher diplomatischer Posten übertragen werden möchte, so hatte er doch einen anderen Erfolg. Beust erwies sich gegen Kuranda dankbar, er verschaffte ihm durch seinen Einfluß erstens den Leopoldsorden und zweitens eine Direktorenstelle bei der Kaiser Ferdinands-Nordbahn, das heißt also ein Amt, bei dem sehr wenig zu thun, aber eine bedeutende Jahreseinnahme einzustreichen ist. Die Verwaltung der Nordbahn, hat es in hohem Grade bedauert, daß sie einen geistig so unbedeutenden Mann in ihr Direktorium aufnehmen mußte; die hervorragendsten, anerkannt tüchtigen, an der Spitze des Institutes stehenden Beamten gaben diesem Bedauern wiederholt Ausdruck, aber die Sache war so geschickt in Szene gesetzt, daß sie nicht abgewandt werden konnte, und — Kuranda ist noch heute Nordbahn-Direktor.

Zuweilen gefällt sich dieser Mann auch darin, die Rolle eines Protektors zu spielen. In Folge seines Wohlstandes ist er befähigt, sich bei verschiedenen Aktien-Unternehmungen zu betheiligen, und er hat den auf diese Weise naturgemäß gewonnenen Einfluß sodann gelegentlich dazu benutzt, seinen Creaturen Stellungen zu verschaffen. Ein Beispiel, wie er auf diese Weise Leuten von äußerst geringen Fähigkeiten förderlich gewesen, wollen wir unseren Lesern nicht vorenthalten.

Als Kuranda noch die „ostdeutsche Post" herausgab, war bei der Letzteren ein junger Mann als sogenannter „Notizler", das heißt mit der Zusammenstellung der kleinen Notizen über lokale Tagesereignisse beschäftigt. Einen Menschen, dessen Bildung sich auch nur bis zum Niveau der Mittelmäßigkeit erhebt, verwendet man zu dieser Arbeit nicht, wie jedermann weiß, der das Getriebe einer Zeitungsredaktion kennt. Die Folge davon ist, daß die „Notizler" unter den Journalisten naturgemäß einen sehr niedrigen Rang einnehmen und in den Redaktionen auch nur wenig Beachtung finden. Bei dem hier in Rede stehenden jungen Manne war dies indessen anders. Seine publizistische Fähigkeit qualifizirte ihn freilich nur zum Notizler, indessen er wußte durch andre Dinge die Aufmerksamkeit und Zuneigung Kuranda's auf sich zu lenken. Durch irgend einen Zufall hatte er erfahren, daß die Gemahlin des Letzteren eine leidenschaftliche Verehrerin eines guten Gerichtes Spargel ist, und da seine Heimathgegend wegen ihres Spargelbau's weit und breit gerühmt wird, so wurde es ihm nicht schwer, sich ein Packet vortrefflicher Spargel zu verschaffen. Damit ausgerüstet, wanderte er in die Wohnung seines Chefs, ließ sich dort der Dame vom Hause vorstellen, der er das Mitgebrachte als Geschenk präsentirte. Von diesem Moment an protegirte ihn Kuranda in auffallender Weise und verschaffte ihm schließlich, als die „ostdeutsche Post" zu erscheinen aufhörte, eine Reporterstelle bei der „neuen freien Presse". Vorher jedoch erhielt der junge Mann durch den Einfluß Kuranda's bereits wiederholt von Aktiengesellschaften kleine „Betheiligungen" und speculativ, wie er war, zugleich aber auch den seinen Stammesgenossen — er ist Jude — eigenthümlichen Neigungen folgend, versuchte er mit dem auf diese Weise gewonnenen Gelde auf der Börse sein Glück. Er spielte mit wechselndem Erfolge, bis er schließlich eines Tages „ausbleiben" mußte. Trotzdem gelang es ihm indessen bald wieder, sich finanziell einigermaßen zu erholen, er kam sogar endlich in die Lage, ein eigenes Wochenblatt zu gründen, welches allerdings keine Verbreitung fand, aber doch genügte, ihm einen gewissen Credit und namentlich die Gelegenheit zu neuen, weitergehenden Verbindungen zu schaffen. Bei Allem, was er unternahm, stand ihm übrigens die Empfehlung Kuranda's, sowie der Gemahlin des Letzteren sehr förderlich zur Seite. Als Eigenthümer eines Wochenblattes und Hausfreund des bekannten, wohlhabenden Abgeordneten und Nordbahn=Direktors fand er viele Thüren offen, welche sonst bei weitem talentvolleren und befähigteren Leuten verschlossen bleiben. In Folge dessen hat er denn auch thatsächlich Carrière gemacht; er ist gegenwärtig einer des bestsituirten Beamten bei einem großen Bank=Institute in Wien und man schätzt sein Vermögen auf mindestens 150,000 Gulden.

Wir haben diese Geschichte erzählt, weil sie charakteristisch ist für die österreichischen Zustände im Allgemeinen und speziell auch für Kuranda. Der Mann, der lediglich auf Betrieb seiner „schöneren Hälfte" einen wenig gebildeten Menschen in so ausgiebiger Weise protegiren kann, verdient wohl schwerlich den Ruf, den der Gründer der „Grenzboten" durch vielfache Reklame gewonnen hat. Doch wir haben uns mit dieser „parlamentarischen Größe" genug beschäftigt, wenden wir also unsre Aufmerksamkeit einem Andern zu.

Dr. Herbst.

Zu den hervorragendsten Mitgliedern des österreichischen Abgeordnetenhauses und zugleich zu den Wortführern der Verfassungspartei gehört der ehemalige cisleithanische Justizminister Dr. Herbst, der, wie Giskra, einst als sehr freisinnig galt, indessen diesen Ruf längst verloren hat, obgleich er noch heute gelegentlich ebenso mit liberalen Phrasen um sich wirft, wie er dies in seinen besten Zeiten zu thun pflegte.

Herbst besitzt zwei sein ganzes Wesen beherrschende Eigenschaften: er ist ungemein arbeitsam und über alle Maßen eitel. Die erstere Eigenschaft hat ihm zu seiner Bedeutung verholfen, die letztere ist die Triebfeder seiner politischen Thätigkeit. Damit ist eigentlich der ganze Mann charakterisirt und es erübrigt für uns nur noch, diese Charakteristik gewissermaßen zu illustriren.

Ehe Herbst Minister wurde, war er an der Prager Universität Professor des Strafrechts und damals erwarb er sich den Ruf der Freisinnigkeit, namentlich durch eine Rede, mit welcher er, wenn wir nicht sehr irren, im Jahre 1861 zum ersten Male als „Freiheitskämpfer" auftrat. Er befand sich nämlich im böhmischen Landtage, wo er allerdings — wie er es mit unbeugsamer Consequenz bis heute gethan — gegen die Czechen die heftigsten Angriffe richtete, daneben aber von dem „Aufathmen der Völker Oesterreichs" sprach, die „nach längerer finsterer Nacht, nach dem Drucke des Bach'schen Regimes, nach dem Terrorismus einer Kamarilla" wieder zum Gefühle ihrer Kraft gelangten. Nach solchen Worten glaubten damals selbst seine czechischen Gegner, daß dieser Mann, obgleich Feind ihrer Nationalität, doch genug ehrlichen Freiheitssinn besitze, um, wenn er jemals zu höherem Einflusse gelangen sollte, immer ein „Vorkämpfer des Liberalismus" zu bleiben. Indessen hätte in ihm im Anfange der sechziger Jahre wohl schwerlich jemand den künftigen Minister gesehen, die Zeiten waren dazu eben nicht angethan; als Herbst aber später Minister geworden, da war es mit seinem Liberalismus vorbei.

In der Folge, das heißt längst vor der Uebernahme des Justiz-Portefeuilles, zeigte Herbst bereits seine persönliche Eitelkeit in so auffälliger Weise, daß dieselbe sogar oftmals von seinen Parteigenossen und Freunden gerügt wurde. So schrieb zum Beispiel ein Wiener Schriftsteller*) im Jahre 1867:

„Gleich nach Brinz muß man Professor Herbst nennen; ich sage, man muß, um einen wackeren Mann, der seine Schwächen hat, nicht zu ärgern. O, Professor Herbst kann fürchterlich eifersüchtig werden, wenn man seines Collegen von der Prager alma mater gedenkt. Der Mann hätte Unterricht bei jungen sterblich verliebten Mädchen genossen haben dürfen, so eifersüchtig kann er werden. Ich bin nicht im Geringsten indiskret, wenn ich diese Schwäche Herbst's ausplaudere, in parlamentarischen Kreisen kennt man sie ebenso, wie — die Brille des ehrenwerthen Herrn Professors. Was thut auch dieser einzige märchenhafte Zug im Charakter Herbst's, der sonst ja auch ein ganzer Mann zu sein versteht. Es ist etwas Schönes um den politischen Ehrgeiz, aber er sollte sich kleinlicher Linien und Züge enthalten und in großen Zügen zu uns sprechen. Und in solchen kleinlichen Zügen gerade sprach nicht selten der Ehrgeiz des Professors Herbst zu uns. Wenn heute Professor Brinz gesprochen, worüber immer, Brinz mit seiner witzigen, originellen Dialektik, natürlich nicht, ohne auf alle Hörer den Eindruck zu machen, den er fast immer und manchmal schon mit wenigen schlagenden Worten zu machen weiß, den Eindruck eines erregenden präcise denkenden und energisch sich ausdrückenden Redners — es hat doch immer im Hause jemanden gegeben, der nicht zufrieden war. Und dieser Jemand war oft so eitel, sich nicht mit stillem Aerger begnügend, aufzustehen und gleichsam zu sagen: „„Ich meine C und D, obwohl ich der Meinung des Professors Brinz bin, der A und B gesagt. Also Professor Brinz hat Recht, aber er hat nicht Recht aus den Gründen, die er angeführt, sondern aus den von mir angeführten.""" — Wie oft, namentlich in den ersten Sessionen des Parlaments, hat man diesem Eitelkeits-Manöver schon zuhorchen

---

*) Michael Klapp in „Wiener Bilder und Büsten"; Troppau, Verlag von H. Kolck, 1867.

müssen! Bei den Debatten über das Concordat, bei denen über das Unterrichtsbudget war dieses Herbst-Manöver permanent. Man sah den ehrenwerthen Professor wie auf Nadeln sitzen, während der mehrtägigen Berichterstattung des Collegen Brinz. Hie und da, wo er nur konnte, nahm er eine oder die andre dieser Nadeln und stach damit nach des Collegen Motiven. Seit wann durchlöchert man aber mit Nadelstichen einen so fest gearbeiteten Eisenpanzer Brinz'scher Dialektik? O, Professor Herbst wußte, die Stiche thun nicht wehe, aber er stach um zu stechen . . ."

In dieser Weise also kennzeichnet ein Mann, der noch heute Herbst's Parteigenosse ist, die „mädchenhafte Schwäche" des späteren Justizministers. Seitdem die citirten Worte geschrieben sind, hatte Herbst übrigens die Freude, zu sehen, daß ihm sein gefährlicher Rivale das Feld räumte. Professor Brinz verließ bekanntlich Oesterreich. Der Eitelkeit Herbst's wurde aber noch dadurch Genüge gethan, daß er neben Giskra, Berger, Brestel 2c. in das Bürgerministerium berufen und später mit dem Orden der eisernen Krone decorirt wurde.

Wir haben außer der Eitelkeit noch der zweiten hervorragenden Eigenschaft Herbst's, seiner Arbeitsamkeit, Erwähnung gethan. Eigentlich ist diese zweite Eigenschaft jedoch theilweise auch nur eine Folge jener ersten. Als Abgeordneter hat er sich beispielsweise sowohl vor seiner Ernennung zum Minister, wie nach seinem Rücktritte vom Ministerium, oftmals geradezu dazu gedrängt, in alle möglichen Commissionen gewählt zu werden. Er will überall dabei, überall die wichtigste Person sein, sich von Niemandem übertreffen lassen. Die Furcht vor Nebenbuhlern spornt ihn zur anstrengendsten Arbeit an, aber sie hat auch noch eine andere Folge für ihn, sie macht ihn — wir citiren hier wieder die Worte des vorher angeführten verfassungstreuen Schriftstellers — „gewaltsam, rechthaberisch in hohem Grade."

Herbst will nicht nur überall der Erste sein, er bildet sich auch ein, er sei es, er glaubt an seine eigne Unfehlbarkeit. Darum ist jeder, der ihm entgegentritt, den heftigsten Angriffen ausgesetzt; kann er seinen Gegner nicht überzeugen, so sucht er ihn zu terrorisiren. Thatsächlich hat er als Justizminister Terrorismus geübt, respektive durch die ihm untergebenen Organe der Rechtspflege üben lassen. Die Verfolgungen, denen die föderalistische Presse zum Beispiel in der Zeit des Herbst'schen Ministeriums ausgesetzt war, sind geradezu unerhört.

Der aus der Eitelkeit sich entwickelnde terroristische Zug seines Wesens vernichtete übrigens naturgemäß jede Spur von ehrlichem Liberalismus, die früher noch an ihm gehaftet hatte. Liberale Phrasen macht er freilich gelegentlich noch, aber aus dem Herzen kommen ihm diese Ergüsse nicht, sie erscheinen vielmehr wie Nachklänge vergangener, halb vergessener Gefühle oder wie Effekthascherei.

Daß sich auch zwischen Herbst und Giskra im Laufe der Zeit ein Rivalismus eingestellt hat, ist nicht zu verwundern. Giskra, der Mann mit dem hochgeschraubten Selbstbewußtsein, mit dem Bewußtsein geistiger Kraft und materiellen Wohlstandes, mußte dem sich für unfehlbar haltenden Herbst natürlich ein Dorn im Auge werden. In einer fast komischen Weise trat der Neid, mit dem diese beiden „Größen" auf einander blicken, einmal zur Zeit, als sie noch Minister waren, hervor. Graf Auersperg, nicht der jetzige, sondern der damalige Minister-Präsident, hatte seine Demission genommen und Cisleithanien war also ohne Premier-Minister. Sofort dachte jeder der beiden Rivalen daran, an die Stelle des Grafen zu treten, indessen es gelang keinem von ihnen, weil sie beide gegen einander arbeiteten.

Und ein Mann, wie dieser bis zur Geckenhaftigkeit eitle Herbst, konnte als das Ideal eines Justizministers gepriesen werden, er ist eine der hervorragendsten Persönlichkeiten des österreichischen Abgeordnetenhauses und einer der Unentbehrlichen in der Verfassungspartei! Man kann über die Schwächen der Menschen, selbst wenn dieselben noch so störend hervortreten, im öffentlichen Leben gelegentlich mit Recht hinwegsehen, aber dann müssen diesen Schwächen wirklich bedeutende Leistungen gegenüber stehen. Solche sucht man jedoch bei Herbst vergeblich. Seine politische Thätigkeit hat trotz seiner Vielgeschäftigkeit keine Früchte getragen, die ohne ihn nicht ebenfalls zur Reife gelangt wären. Die Gesetzentwürfe, welche er zum Beispiel als Minister dem Reichsrathe überreicht hat, waren von seinen Vorgängern bereits vorbereitet, zum Theil sogar schon vollständig ausgearbeitet und was unter seinem Ministerium auf dem Gebiete der praktischen Rechtspflege geschehen, das konnte nur dazu dienen, die „Freiheit in Oesterreich" gewaltig in Mißkredit zu bringen. Wir erinnern in dieser Beziehung nur an den Hochverrathsprozeß gegen die Wiener Arbeiter, an das objektive Verfahren in Preßprozessen und an die Verurtheilungen der czechischen Journalisten in Prag.

Damit aber glauben wir, ist genug zur Charakteristik dieser

parlamentarischen Größe gesagt. Herbst's äußere Erscheinung wollen wir nicht schildern, um nicht den Vorwurf auf uns zu laden, daß wir ungünstige Dinge, die zur Beurtheilung des inneren Werthes eines Mannes von keiner Bedeutung sind, hier hervorgehoben haben. Aber zum Schluß noch ein Wort. Der mehrfach von uns citirte Parteigenosse Herbst's, der gewiß keine Ursachen gehabt, den Letzteren herabzusetzen, sagt von ihm: „Herbst mag gewisse Leute nicht gut leiden, aus demselben Grunde, aus dem der Landkutscher die schnell vorwärts kommenden Eisenbahnen nicht recht gut leiden mag." Und mit dieser für die geistigen Fähigkeiten des großen, verfassungstreuen Parlamentsrebners wollen wir seine Charakterskizze als beendet betrachten.

Rudolf Brestel.

In den einleitenden Auseinandersetzungen, welche wir unseren Charakterskizzen österreichischer Parlamentsmänner vorangeschickt haben, mußten wir, um eine wahrheitsgetreue Schilderung der Lage Oesterreichs zu geben, die Maske, unter der die sogenannte „Verfassungspartei" ihre eigennützigen Zwecke verfolgt, schonungslos herunterreißen. Wir haben dort gesagt, daß die Liberalen den Staat nur in ihrem Interesse auszubeuten trachten und wir haben an Giskra, Kuranda, Auersperg und Herbst gezeigt, wie wenig ehrlich der viel gepriesene Liberalismus dieser oft genannten und gerühmten Männer ist. Aber wir müssen auch weiter der Wahrheit die Ehre geben und hinzufügen, daß es in Oesterreich allerdings auch ehrliche Liberale giebt, die freilich größtentheils in der Masse des Volkes verschwinden, von denen es indessen einzelnen Wenigen doch gelungen ist, sich eine hervorragende Stellung zu erringen.

Zu diesen Letzteren gehört in erster Linie Rudolf Brestel, der im Ministerium Giskra-Herbst das Finanzportefeuille inne hatte und der einer derjenigen Männer ist, die man in Oesterreich mit der Diogeneslaterne suchen muß.

Brestel ist, wie Giskra, einer der Politiker, welche das Jahr 1848 in das öffentliche Leben geführt hat. Er war damals Universitäts-Supplent der Mathematik, er hatte sich also eine Gelehrtenlaufbahn vorgezeichnet, aus der er jedoch durch die sturmbewegte Zeit der Revolution herausgerissen wurde und in die er dann nicht wieder zurückgekehrt ist. Als die Freiheitsbewegung niedergeworfen war, kamen Verhältnisse über ihn, welche wohl geeignet sein konnten, einen Charakter zu stählen. Er verließ damals Wien, um mit dürftigen Mitteln in ländlichem Stillleben als Leiter eines kleinen industriellen Unternehmens zu fungiren. Später, kehrte er in die Kaiserstadt zurück, um hier nach der im Jahre 1854 erfolgten Gründung der „österreichischen Creditanstalt für Handel und Gewerbe" eine Stelle als Sekretär bei diesem Institute zu übernehmen. 1861 wurde er in Hietzing bei Wien zum Abgeordneten gewählt und seitdem gehörte er wieder der Oeffentlichkeit an.

Wer Brestel nach seiner äußeren Erscheinung beurtheilt, kann demselben unmöglich irgend welche Bedeutung zutrauen. Schlichtes, dunkles mit grau gemischtes Haar umrahmt ein Gesicht von ungewöhnlicher Häßlichkeit. Eine aufgestülpte Nase, langgeschlitzte Augen und stark hervortretende Backenknochen geben seinen Zügen eine in der germanischen Race äußerst seltene Form; man würde ihn für einen slovakischen Hausirer oder Erdarbeiter, wie man solche in Wien sehr häufig findet, halten, wenn er die entsprechende Kleidung anlegte. Ebenso wenig, wie sein Gesicht, hat aber auch seine Gestalt etwas Ideales. Dazu kommt noch eine gewisse Unbeholfenheit in den Bewegungen, sowie die in seiner Toilette offen zur Schau getragene Verachtung aller äußeren Eleganz, um das Bild eines Mannes vollständig zu machen, von dem auf den ersten Blick zweifellos niemand glauben würde, daß er von hervorragender Intelligenz sei und jemals ein Minister-Portefeuille in Händen gehabt habe. Doch Brestel ist eben eine ungewöhnliche Persönlichkeit, er ist geistig begabter, als mancher Andere und er besitzt einen so hohen Grad von Ehrlichkeit, daß er besser als sein College Giskra den Versuchern „Glanz und Ehre" zu widerstehen vermochte. Er ist ebenso lange, wie Giskra, Minister gewesen, aber er hat dabei keine Reichthümer erworben, sondern ist unbemittelt geblieben, was unter den österreichischen Verhältnissen viel sagen will. Dafür steht er jedoch in dem Rufe der Ehrlichkeit und Unbestechlichkeit, wie kein Anderer.

Brestel ist kein guter Redner, die Worte fließen ihm schwer und unbeholfen von der Zunge, elegante Phrasen, wie sie Giskra macht, hat man aus seinem Munde nie gehört, aber was er sagt ist streng logisch, mit mathematischer Schärfe berechnet und überzeugend. Von politischen Debatten hat er sich in der Regel fern gehalten, sein Gebiet waren vorwiegend die wirthschaftlichen Verhältnisse, überhaupt hat er stets mehr gearbeitet, als gesprochen. Seiner Nationalität nach ist er ein Deutscher, seiner politischen Ueberzeugung nach ein liberaler Gegner des Förderalismus. In Folge dessen muß er naturgemäß einerseits gegen die Czechen, Polen 2c., andrerseits für die Verfassung eintreten. Er hat stets beides gethan und daher ist er Parteigenosse der Giskra, Kuranda u. s. f.

Wenn Brestel zur Anerkennung gelangt ist, so hat er dies nicht der Reklame zu danken, sondern lediglich sich selbst, seiner Arbeitskraft, seinem Fleiße, seiner Befähigung. Wir sind überzeugt, daß er die Corruption, die sich seiner Parteigenossen bemächtigt hat, vollkommen erkennt, daß sich seine Schlichtheit und Ehrlichkeit gegen diese Corruption sträubt und daß er nur mit jenen Männern gemeinschaftliche Wege geht, weil die politischen Ziele derselben seinen Anschauungen entsprechen. Dies fühlen die „Verfassungstreuen" sehr gut. Deswegen ist er ihnen aber auch nur insoweit eine persona grata, als sie ihn, sein rechnendes Talent, seine Thätigkeit benutzen können.

Während Brestel an der Spitze des Finanzministeriums stand, sind die Finanzgesetze erlassen worden, welche im Inlande, wie im Auslande von allen Gläubigern des österreichischen Staates verurtheilt worden sind. Die Umgestaltung der österreichischen Schuldtitel war in der That ein gewagter Schritt, denn sie kam einem Staatsbankerotte ziemlich gleich, indessen was sollte der Minister, was konnte er Besseres thun, wenn ihm auf der einen Seite die Aufgabe entgegentrat, gänzlich zerrüttete Finanzen zu verbessern, auf der andern Seite ihm aber im Verhältniß zu den Staatsausgaben durchaus ungenügende Einnahmen geboten waren. Die Lage war für ihn ungeheuer schwierig und mag der Ausweg, den er gefunden hat, schlecht gewesen sein, so glauben wir doch, daß kein andrer Minister einen besseren gefunden hätte.

Als das Ministerium Hohenwart-Schaeffle gestürzt war und wieder eine „verfassungstreue" Regierung an das Staatsruder kommen sollte, wurden auch mit Brestel Verhandlungen wegen abermaliger Uebernahme des Finanz-Portefeuille's gepflogen. Er hat dasselbe jedoch abgelehnt und er hat gut daran gethan, denn das neue Kabinet dürfte schwerlich von dauerndem Bestande sein, es dürfte ihm also auch wohl kaum die Möglichkeit zu einer ausgedehnteren Thätigkeit geboten haben.

Aus der Zeit, während er die österreichischen Finanz-Angelegenheiten leitete, müssen wir übrigens hier noch eines eigenthümlichen Faktums erwähnen. Wenn die Finanzminister sonst den Entwurf zum Staatshaushaltsetat dem Reichstage vorlegten, so zeigten sie dabei in den aufgestellten Zahlen, sowie in den beigefügten Erläuterungen stets die Neigung, die finanzielle Lage des Staates so günstig wie irgend möglich hinzustellen. Eine Uebertreibung, ein Abweichen von der Wahrheit in dieser Richtung ist jedenfalls

nicht zu billigen, indessen kann man dergleichen in allen konstitu=
tionellen Staaten beobachten. Ebenso wenig darf man es aber
auch wohl gutheißen, wenn eine Uebertreibung in entgegengesetzter
Richtung stattfindet, wenn der Finanzminister die finanzielle Lage
bedeutend ungünstiger darstellt, als sie wirklich ist. Dies Letztere
that jedoch Brestel. Er war dabei offenbar von der Geradheit
seines Charakters geleitet, er wollte nicht schönfärben, er wollte ehr=
lich einem Jeden die Augen darüber öffnen, wie schlecht es eigentlich
mit den österreichischen Finanzen stände. Seine Ehrlichkeit verleitete
ihn also, mit noch düsterern Farben zu malen, als die Situation
bedingte. Das Gleiche haben nun aber nach seinem Vorbilde seine
Nachfolger gethan und wenn man bei Brestel nur gute Motive
voraussetzen konnte, so liegt doch bei jenen ein schlauer Hinterge=
danke nicht außerhalb des Bereiches der Möglichkeit. Jede Regie=
rung in Oesterreich kann nämlich, so lange ein Ausgleich mit den
einzelnen Nationalitäten nicht erzielt ist, leicht in die Lage kommen,
einmal ohne Parlament regieren zu müssen. In diesem Falle wäre
es natürlich für das Ministerium ein bedeutender Vortheil, wenn
sich in den Staatskassen durch die verfassungsmäßig bewilligten
Einnahmen erzielte Ueberschüsse befänden, wie solche während der
letzten zwei Jahre wirklich erzielt worden sind, obgleich die Finanz=
minister stets ein sich weit in die Millionen belaufendes Defizit in
ihren Etatsentwürfen veranschlagt und zu dessen Deckung sogar Anleihen
gefordert haben. Ob bei solchen Voranschlägen der Gedanke an
eine parlamentslose Regierungszeit bestimmend gewesen ist oder
nicht, wollen wir hier nicht näher untersuchen, aber jedenfalls liegt
dergleichen, wie gesagt, nicht außerhalb des Bereiches der Möglichkeit
und es ist sehr zu wünschen, daß die durch Brestels übertriebene Auf=
richtigkeit eingeführte Praxis so bald als möglich wieder beseitigt werde. —

Wir können unsre Skizze über Brestel hier schließen. Unsre
Absicht war, zu zeigen, daß es auch in Oesterreich noch hervor=
ragende Männer giebt, denen keine Niedrigkeit, keine Feilheit der
Gesinnung, keine übertriebene Ehrsucht nachgesagt werden kann.
Aber solche Männer werden nicht gefeiert wie Giskra, nicht gepriesen
wie Herbst; man beachtet sie so wenig wie möglich und in der
„verfassungstreuer" Partei redet man von ihnen in der Regel mit
der Scheu, die des eigne Schuldbewußtsein einflößt. Die Geschichte
wird indessen richten und bereinst unparteiisch entscheiden, wer höher
gestanden: der mit Orden und Titeln, mit Ehrenstellen und ein=
träglichen Posten überschüttete glänzende Giskra oder der schlichte,

abstoßende Brestel, von dem ein österreichischer Publizist bei Beleuchtung seiner politischen Thätigkeit im Jahre 1848 schreibt:

„. . . kalt, ruhig, phantasielos, verstandesscharf wie seine Fachwissenschaft (die Mathematik), ganz dazu geschaffen, einen Gegenstand, der durch langes Streiten zerzaust und unkenntlich geworden, wieder zu entwirren, in's helle Licht zu setzen und zu einer vernunftgemäßen Entscheidung zu bringen. Sonst noch grundehrlicher Fortschrittsmann und seelenguter Deutscher. Sein Aeußeres: ein wunderliches Gemische von kantiger Härte und sanfter Weichheit; sein Inneres: ein Schacht unlegirten Edelmetalles."

Wir unterschreiben dies Urtheil auf heute noch.

Und schließlich wollen wir noch eines kleinen Zuges Erwähnung thun, um zu zeigen, daß diesem Manne thatsächlich jede Eitelkeit, jede Selbstüberhebung durchaus fremd ist. Wer in Wien etwa um die zehnte Vormittagsstunde mit einem von Hietzing zur Stadt fahrenden Omnibus durch die Mariahilfer Hauptstraße fährt, wird fast täglich die Gesellschaft eines einfach gekleideten, auffallend häßlichen Herrn mit großer Brille haben können. Dieser schlichte Mann, der sich ächt bürgerlich des billigsten und sehr wenig bequemen Transportmittels bedient, ist eine allgemein bekannte Persönlichkeit, besitzt den Titel Exzellenz, war vor wenigen Jahren Minister; er heißt Rudolf Brestel.

Die Anderen.

Es kann nicht der Zweck dieser Schrift sein, alle Diejenigen dem Leser in besonderen Charakteristiken vorzuführen, die sich selbst zu den parlamentarischen Größen Oesterreichs rechnen oder von Anderen dazu gerechnet werden. Es lag uns vielmehr daran, einen Beitrag zur Kenntniß der österreichischen Zustände zu liefern und diesem Zwecke entsprach es vollkommen, wenn wir ein Paar hervorragende Persönlichkeiten ihrem innern Wesen nach schilderten und dabei Gelegenheit nahmen, Streiflichter auf die Verhältnisse zu werfen, in denen jene eine Rolle spielen. Doch andrerseits wäre es ungerecht, wenn wir einzelne im parlamentarischen Leben Oesterreichs oft genannte, zum Theil höchst einflußreiche Männer ganz übergeben würden, und das Bild, welches wir zu geben wünschten, wäre dann auch ein allzu unvollständiges.

Werfen wir unsern Blick auf die einzelnen Landtage Oesterreichs, so finden wir, daß in dem gegenwärtig versammelten Reichsrathe viele der wirklichen parlamentarischen Größen fehlen, zunächst Czechen und Polen, die sich aus prinzipiellen Gründen fern halten, dann andere, die sich fern halten mußten, einfach weil sie nicht gewählt worden sind, und die dennoch beanspruchen können, in einer Schrift, welche den Titel der vorliegenden führt, genannt zu werden.

Da sind zum Beispiel Dr. Franz Palacky und sein Schwiegersohn Dr. Ladislaus Rieger, die beiden Czechenführer. Palacky, der böhmische Landeshistoriograph, ist schon ein alter Mann, eine ächte Gelehrtenfigur, hagere, eckige Gestalt mit blonder Perrücke, einer Gesichtsfarbe, die an in Schweinsleder gebundene Bücher erinnert, und einer großen, schwereingefaßten Brille. Jede seiner Bewegungen ist so eckig und kantig, wie der Studirtisch in den Archiven, in denen er die geschichtliche Vergangenheit der Czechen erforscht und die Stammwurzeln der slavischen Sprachen gesucht hat. Ungemüthlich, schroff und rauh, wie sein Aeußeres, ist auch seine Rede, die indessen stets den Stempel des höchsten Selbstbewußtseins zur Schau trägt. Selbst wenn Palacky schweigt, zeigt sein Gesicht, daß er seine Bedeutung kennt, und bedeutend ist er wirklich, soweit die Bedeutung eines Mannes mit seiner persönlichen Wichtigkeit zusammenfällt. Er ist das eigentliche Haupt der czechischen Opposition, war lange ein Vertrauensmann Rußlands und mag es noch heute sein. Daß ihm dies Beides Einfluß gegeben, Einfluß gesichert hat, ist natürlich.

In vieler Beziehung das Gegentheil von ihm ist sein Schwiegersohn Rieger. Auch dieser ist kein Jüngling mehr, er war schon 1848 Mitglied des österreichischen Reichstags, damals eine hohe männlich=schöne, jugendkräftige Gestalt, begabt mit ausgezeichneter Rednergabe. „Die Frauen sahen ihn gern, die Männer hörten ihn gern." Im Laufe der Zeit hat sich seine äußere Erscheinung freilich zu ihrem Nachtheil verändert, indessen das Feuer der Rede ist ihm geblieben und er ist gleich vollkommen Herr der deutschen, wie der czechischen Sprache, unter allen Umständen der bedeutendste parlamentarische Vertreter seiner Nationalität. Von der Ruhe Palacky's besitzt er auch nicht ein Atom, immer muß er übersprudeln; er thut dies oftmals in solchem Maße, daß er nicht nur die Formen des parlamentarischen Anstandes, sondern sogar die des gewöhnlichen Lebens verletzt. Dabei spitzt er seine Worte gewöhnlich so zu, daß die Absicht zu verletzen, unverkennbar daraus hervorleuchtet.

Rieger ist Doctor juris und außerdem Mühlenbesitzer zu Eisenbrod in Böhmen. Auf seine Rechtsgelehrsamkeit pocht er nie, dagegen erwähnt er gelegentlich gern, daß er aus einer bäuerlichen Familie stammt und ein ländliches Gewerbe treibt. Ueberhaupt geht ein gewisser demokratischer Zug durch sein Wesen hindurch und dieser bildet einen der großen Unterschiede zwischen ihm und seinem Schwiegervater.

Man darf übrigens nicht glauben, daß Riegers Demokratismus besonders weit gehe. Er ist zuerst Czeche, dann Mensch und zuletzt auch noch freisinniger Mensch, wenn ihm sein spezifisches Czechenthum dies gestattet. Als Czeche haßt er die Deutschen und sein Deutschenhaß brachte ihn schon 1848 dazu, gegen seine eigne Ueberzeugung die liberalen Bestrebungen der Deutschen zu be=

kämpfen. Während in dem ebengenannten Revolutionsjahr die blutigen Pfingstereignisse in Prag eintraten und die Kanonen des Fürsten Windischgrätz die böhmische Königsstadt bombardirten, befand sich Rieger mit dem Grafen Nostitz in Innsbruck, um dem Kaiser Ferdinand die Treue der Czechen zu versichern. Er bot später der Regierung offen zur Unterdrückung der revolutionären Elemente die Hand, weil diese deutsch waren oder ungarisch. Im Widerspruche mit seinen wiederholt dargelegten politischen Anschauungen sprach er auf dem Reichstage zu Kremsier gegen die deutsche Linke; er ließ sich sogar so weit hinreißen, die nach der Wiener Oktober-Revolution standrechtlich Erschossenen, wie Blum, Bacher, Jellinek ꝛc. zu verhöhnen. Jedenfalls hatte er gehofft, als Lohn für diese Niederträcht die Anerkennung des „böhmischen Staatsrechts" von der Regierung zu erhalten, aber er hatte sich getäuscht und trat deswegen wieder zur Opposition über.

Nach einer längeren Pause erschien er 1859 abermals als nationaler Agitator in der großen Oeffentlichkeit. Jetzt verband er sich ganz rückhaltlos mit der feudalen und ultramontanen Partei. Der Adel Böhmens ist aus aller Herren Länder zusammengelaufen, er kennt keine nationalen, sondern nur Standes-Interessen und hat sich deshalb mit dem Ultramontanismus verbunden. Der Freund und Genosse dieser Leute ist nun der „Demokrat" Rieger, der es über sich gewinnen konnte, zu erklären: bei der alten Schuleinrichtung, wo Geistliche die oberste Leitung hatten, sei es viel besser gewesen; den Geistlichen sollte man überall in den Schulen den ersten Platz einräumen, da sie doch für den Unterricht mehr geeignet seien, als jeder Andere; bei der Reform des Unterrichtswesens müßten in erster Linie die Forderungen der katholischen Kirche berücksichtigt werden.

Will Rieger etwas für die Czechen erreichen, so kommt es ihm nicht im Geringsten darauf an, seiner innersten Ueberzeugung und der historischen Wahrheit in das Angesicht zu schlagen. Charakteristisch ist zum Beispiel folgender, von ihm geschriebener Satz: „Die Slaven Böhmens sind den Deutschen in Künsten und Wissenschaften vorangegangen. Sie haben im vierzehnten Jahrhundert die Universität in Prag errichtet. Sie eröffneten die moderne Aera der Reformen und der Revolution durch Johannes Hus und vertheidigten die Gewissensfreiheit gegen die vereinigte katholische Welt. Um derselben Freiheit willen begannen sie den dreißigjährigen Krieg" u. s. w.

Man muß wirklich sehr wenig von der Geschichte wissen, um ihm dies Alles zu glauben.

Aus diesen kurzen Andeutungen geht wohl zur Genüge hervor, wessen man sich versehen könnte, wenn Rieger und seine Genossen in Oesterreich maßgebend würden. Was die sogenannte Verfassungs=
partei besonders in volkswirthschaftlicher Beziehung gesündigt hat, das haben die Czechen der Partei Palacky=Rieger an der freiheit=
lichen Entwicklung verbrochen. Man kann ihnen nicht nachsagen, daß sie ihre politische Stellung finanziell so ausgebeutet haben, wie dies Giskra und Consorten gethan*), aber dessen ungeachtet ist der moralische Werth der Ersteren nicht im geringsten höher anzu=
schlagen, als derjenige der Letzteren. Dies erkennen selbst ein Theil ihrer Stammesgenossen, die czechischen Gegner Palacky's und Riegers, die demokratischen „Jungczechen".

Wie Palacky und Rieger unter den Czechen, so nimmt der katholische Professor Greuter eine hervorragende Stellung unter den Tirolern ein. Daß „das Land der Glaubenseinheit" im Reichs=
tage vornehmlich durch Ultramontane vertreten ist, kann nicht auf=
fallend erscheinen, und daß die gläubigen Söhne der Berge streit=
bare Männer sind, weiß jedes Kind. Es ist daher ganz natürlich, daß sie einen Geistlichen und zwar einen solchen zum Abgeordneten gewählt haben, der die Rücksichtslosigkeit eines Fastenpredigers neben gewandter Dialektik und unleugbarer Schlagfertigkeit besitzt. Greuter überschreitet in seinen Reden sehr häufig die Grenzen des parlamentarischen Anstands, aber er weiß sich doch fast immer ge=
nug zu beherrschen, um wenigstens den Ordnungsruf von sich fern zu halten. Und er ist trotz seiner tirolischen „Naturwüchsigkeit" sehr schlau, viel schlauer, als die meisten seiner Gegner. Wir er=
innern uns beispielsweise einer Szene, die er veranlaßt hatte und deren Ausgang wahrhaft komisch, aber auch höchst charakteristisch für einen seiner heftigsten Widersacher, für Kuranda, war.

Es war im Jahre 1868 bei Gelegenheit der Debatte über das interkonfessionelle Gesetz. Kuranda hatte in einer längeren Auseinandersetzung einige historische Irrthümer widerlegen wollen, welche der Tiroler Abgeordnete Dr. Jäger in einer vorhergegange=

---

*) Wir wollen hier noch eines Faktums erwähnen, welches zur Charakteristik Giskra's gehört. Es ist eine verbürgte, Vielen bekannte Thatsache, daß Giskra zur Zeit seiner Thätigkeit als Universitätslehrer und Examinator den Examinanden die bei den Prüfungen vorkommenden Fragen mit den von ihm gewünschten Antworten verkauft hat.

neu Rede ausgesprochen haben sollte. Nach Kuranda erhielt Greuter das Wort, der es sich zur Aufgabe machte, seinen Freund und Gesinnungsgenossen Jäger gegen die Angriffe zu vertheidigen. Er that dies auf eine äußerst geschickte Weise, indem er die Sätze und Gedanken Kuranda's so persiflirte, daß er das Haus wiederholt zu allgemeiner Heiterkeit und zu lebhaftem Beifall veranlaßte. Ein Jeder erkannte übrigens die feine Ironie, die furchtbare Persiflage, welche der Pater zum Besten gab, nur Einer erkannte sie nicht und dieser Eine war Kuranda, der die Worte Greuter's für baare Münze, für Zustimmung zu seinen Ansichten hielt und höchst befriedigt zu dem Beifall lächelte, den der Redner erntete. Kaum hatte der „ehrenwerthe Abgeordnete aus Tirol" geendet, so schritt Kuranda auf ihn zu, reichte ihm die rechte Hand und legte seinen linken Arm um die Hüfte Greuter's. Er hätte ihn sicher umarmt, wenn dies möglich gewesen wäre, — es war nicht möglich, weil Greuter den kleinen Kuranda um ein Paar Kopflängen überragt. Mit seinem Lächeln wehrte der Pater die Liebkosung seines politischen Gegners ab, er lächelte nicht allein, auch Andere lächelten, lachten sogar, und ein bekannter Wiener Journalist schrieb damals: „Der Greuter ist lange nicht so dumm, wie Kuranda . . . . gut und edel ist."

Pater Greuter behandelt in seinen Reden die Tiroler gleichsam als eine nationale Eigenart, mit der er es unendlich wohl meint, für die er alle möglichen Rechte und Vorrechte erkämpfen möchte, weil er in ihr, in dieser Eigenart, gewissermaßen den verkörperten Ultramontanismus erblickt.

Wie schon angedeutet, weiß er als Redner thatsächlich bedeutend zu wirken. Daß er dabei nicht auf die Vorzüge eines Abraham a Santa Clara Anspruch erheben kann, liegt lediglich in dem totalen Mangel an Aufrichtigkeit, der stets in allen seinen, wir möchten sagen mit einer gewissen fraus pia zusammengesuchten Argumenten hervortritt; was aber der Kapuziner in Schiller's „Wallensteins Lager" zum Gaudium von Generationen geleistet, das und mehr sogar hat Pater Greuter oftmals gethan. Seine Worte machen ohne Zweifel auf Solche, die in den Schulen der frères ignoratins aufgewachsen sind, einen hinreißenden Eindruck und auch diejenigen, die darauf halten, daß Schwarz schwarz und Weiß weiß ist und sich in ihren Ansichten von keinem Anathema des Vatikans beirren lassen würden, können ihm eine Anerkennung seiner schneidigen Oratorik nicht versagen. Außerdem ist es menschlich, und dieser

kleinen Schwäche entschlägt sich auch eine feierliche parlamentarische
Versammlung von ernsten Männern nicht, dem Redner eine gewisse
Dankbarkeit zu zollen, der das Zwerchfell durch launige und blitz=
schnelle Aperçu's zu erschüttern versteht. Uebrigens ist Greuter in
seinem ganzen Auftreten durch und durch Priester. Das Ungestüm
seiner Rede wächst mit ihrem Stoffe. Nachdem er zuerst die welt=
liche Seite einer Streitfrage mit wegwerfender Satire kritisirt und
abfertigt, vertieft er sich stets mit pfäffischer Dialektik in des Pudels
Kern, in die Erörterung des Verhältnisses der betreffenden An=
gelegenheit zur Kirche, zum Vatikan, ohne dessen Sanktion für ihn
Alles, was Fürsten und Parlamente jemals beschlossen haben
mögen, eitel Makulatur bedeutet. Mönchisch=drohend, humoristisch,
schadenfroh und siegessicher tritt er auf; Hochmuth und Zorn bilden
immer die Basis der Worte, die dieser Diener der Religion der
Demuth und Liebe spricht. Und dann kokettirt er mit dem „Schmer=
zensschrei" dieser oder jener „theoretisch unglücklichen" Nationalität,
kokettirt mit der Demokratie, mit Allem, was populär erscheinen
kann. Die Mittel, die er anwendet, sind ihm vollständig gleich=
giltig: — der Zweck heiligt ja die Mittel!

Es ist ein Unglück für Oesterreich, daß in ihm Föderalismus
und Ultramontanismus Hand in Hand gehen und daß ein Theil
der Föderalisten, um ihren Eigensinn zu befriedigen oder ihrer
Empfindlichkeit Satisfaktion zu verschaffen, auch das unwürdigste
Bündniß nicht verschmäht, sei es auch um die Gefahr, die Völker
zum Fußschemel Rom's zu erniedrigen. Wäre dem anders, raschelte
nicht der lange schwarze Rock so vernehmlich durch alle Phasen
der föderalistischen Bewegung, klirrte nicht der zur Freiheitszäh=
mung bereite Sporn der feudalen Herren so vielverheißend durch all
den rednerischen Pomp über das Bundesglück der Völker, wären
nicht die Hauptvertreter der Polen, der Czechen u. s. f. entweder
Feudale oder Ultramontane, so wäre man dem Ziele, der Her=
stellung des Föderativstaates, schon um sehr viel näher.

Graf Clam=Martinitz, Graf Leo Thun, Czerkawski
u. s. f., — diese Vertreter des Föderalismus sind nur im Stande,
denselben zu diskreditiren. Für jeden ehrlichen Menschen muß der
Gedanke eines großen civilisatorischen Völkerbundes, wobei jeder
Eigenart schonend ihre Stätte gesichert wäre, etwas Hehres und
Erwärmendes haben, aber um den Preis der Verbrüderung mit
den Ultramontanen und den Feudalen wird kein aufrichtig frei=
sinniges Gemüth diesen Völkerbund wollen.

Man beklagt mit Recht die Corruption, welche gegenwärtig in Oesterreich herrscht, aber es unterliegt keinem Zweifel, daß die Lage nicht gebessert würde, wenn die Wünsche der Palacky, Rieger, Thun, Greuter u. s. f. in Erfüllung gingen. Die gegenwärtige Corruption würde dann allerdings wohl beseitigt werden, aber eine andere, nicht weniger schlimme, träte sofort an ihre Stelle.

Oesterreich muß vor allen Dingen dahin streben, sich seiner einflußreichen Politiker, seiner parlamentarischen und politischen Größen zu entledigen. Diese Männer verfolgen nur persönliche Interessen, gerade die hervorragendsten von ihnen sind die eigennützigsten oder der freiheitlichen Entwicklung gefährlichsten. Diejenigen aber, die heute unter der Maske des Deutschthums als „verfassungstreue" Liberale in den großen Kampf um die endgiltige Staatsform Oesterreichs getreten sind, sind mehr zu fürchten, als alle übrigen, denn sie verbinden mit ihren sonstigen verwerflichen Eigenschaften auch noch die politische Heuchelei. In keinem andern Lande würde man Männer, wie Giskra, Kuranda und Genossen auf einem so hervorragenden Platze, wie sie in Oesterreich einnehmen, dulden, — hier duldet man sie nicht nur, sondern achtet und ehrt sie sogar. Aber es ist noch nicht aller Tage Abend und auch die Corruption hat ihre Grenzen; auch einem Volke öffnen sich die lange geblendeten Augen schließlich und dann sinken die falschen Volksmänner um so tiefer, je höher sie vorher gestanden haben.